現代心理学入門
3
学習と教育の心理学
増補版

現代心理学入門

学習と教育の心理学

増補版

市川伸一 著

岩波書店

まえがき

　世の中に教育心理学の入門テキストは数多くある．あえてそこに1冊加えようとしたのは，自分なりに教育心理学でおもしろいと感じた内容をまとめ，学生やこの分野に興味をもつ人たちに伝えたいと思ったからであった．また，認知心理学の基礎的分野からスタートして，しだいに教育の分野に関心を移し，最近「教育心理学」という講座の所属となった筆者としては，「10年早い」とは思いつつも，自分にとっての教育心理学というものを一度整理するきっかけとしたいという気もちもあった．

　執筆にあたって思い浮かべたのは，教育心理学ではないのだが，ヘッブ(Donald O. Hebb)の『行動学入門』(紀伊國屋書店，原題 "A Textbook of Psychology") であった．これは筆者が学生のころ愛読した本で，教科書でありながら，事実や理論の羅列的な解説ではなく，著者ヘッブの考え方が染みわたっていた．今でこそ，『行動学入門』の生物学的，行動論的立場は自分にはなじまないと思っているけれども，このような一貫した立場から書かれた教科書を，いつか書いてみたいと思っていた．

　本書は，心理学のさまざまな領域からスポットライトをあてながら「学習」というものをとらえ，「教育」という営みに結びつけるというスタイルをとった．扱う話題は，従来の教育心理学のテキストに比べて，より基礎的なことがらと，より実践的なことがらが混在しているといえるだろう．そして，いくつかの立場を対比させながら，自分なりに位置づけ，さらに読者が各自の考えを展開する刺激や触媒となるように書いたつもりである．

　また，「学習の手引き」に書いたような，教育心理学のありかたに関する問題意識もくみとっていただきたいところである．こうしたねらいがどれだけ達せられたかは，ぜひ読者のご意見，ご批判を賜りたい．力不足は十分承知して

まえがき

いるが，今後も考え直すきっかけとしていきたい．

　草稿はいろいろな方に読んでいただいた．特に，「認知カウンセリング研究会」，「小学校授業と評価研究会」のメンバーの方々と，東京大学のゼミの大学院生諸君には，いろいろな意見や注文をいただき，大いに参考になった．ここであらためて感謝したい．また，岩波書店編集部の桑原正雄さんには，原稿の遅れがちな筆者を辛抱強く，また温かく励ましてくださったことに心からお礼申し上げるしだいである．

　　1995年6月

市　川　伸　一

増補版へのまえがき

　本書の初版が刊行されてから15年が経過した．幸いにも，本書は教科書として広く使われ，版を重ねることができた．この間，何度か大きな改訂も考えたが，ひとえに筆者の怠慢のためにその機会を逸していた．あらためて本書を読んでみて，これまでに蓄積された心理学の基礎的な知見を取捨選択し直すよりは，初版刊行後の教育心理学の動向がわかるような章や関連する参考図書を追加することで，読者の便に供することとした．編集の吉田宇一さんはじめ，改訂の労をとってくださった岩波書店には感謝したい．

　　2011年1月5日

著　者

学習の手引き

教育心理学の役割

教育心理学(educational psychology)は，人間の学習の成立するしくみを明らかにし，それを教育の改善に役立てる学問である．**学習**(learning)とは，経験を通じての知識や技能の獲得と，ここでは考えておこう．人間に限らず，動物は適応的に生活するために，本能的な行動だけでなく，後天的な学習をする能力を備えている．この能力は，高等な動物ほど著しい．そして人間の場合には，知識や技能をもった者が，他者(学習者)にそれらを伝え，さらに発展させていく力を育てようとする．これが**教育**(education)という営みである．

「教育」は，社会のさまざまなところに存在している．教育は文化への参加と創造の一過程であるから，およそ教育のない社会は考えられないといってもよいだろう．すると，学習や教育に関する科学である「教育心理学」は，非常に大きな役割を担っていることになる．実際，第2次大戦後，アメリカの制度の影響を受けて，「教育心理」と「教育原理」は教職志望者の必修科目とされた．最近の制度改定によって，現在は必ずしも「教育心理学」という科目名は用いられていないが，内容的には，通常「教育心理学」と呼ばれている領域が，大学の教員養成課程でも広く講じられている．

ところが，従来，教職を志す人たち，あるいは一般に教育関係の人たちにとって，教育心理学が「おもしろい」もしくは「役に立つ」学問だとはけっして考えられていなかったふしがある．これは，教育心理学者自身も常に反省を迫られ，自覚せざるを得ない問題だったのである．教育心理学に対する不満は，それが教育という人間臭い行為を対象にしているにも関わらず，なぜか味気ない，無味乾燥な学問であるということが大きいようである．そこでまず，そのような不満や批判をとりあげて吟味し，これから教育心理学を学ぼうとする読

者には，いかにそれを乗り越えるかを考えながら本書を読んでいただくようにしたい．

教育心理学への不満と批判

教育に関する学問は，教育哲学，教育史，教育社会学，教育方法学，教育工学，教科教育学など数多くあり，たくさんの本が出版されている．読者の中には，それらの講義を聞いたり本を読んだりして，すでに，教育心理学について上に述べたような不満を感じている人がいるかもしれない．なぜ教育心理学は味気ない学問のように見えるのか，いくつかの理由を「仮想的な学生」にあげてもらうことにしよう．

(1) 教育につきものの「教育観」，「価値観」が見えてこない

　一般に教育学の本や，教師の手による教育実践書には，教育への情熱や思いが込められている．つまり，「自分はこのような教育がしたい」という信念があり，それを実現しようとしている迫力が感じられる．研究授業や研究紀要(学校が発行する教師の論文集)では，「考えを深めることのできる授業の創造」，「自立的な学習態度を育てる教育環境づくり」などといったスローガンが掲げられることが多い．これは，やはりそれぞれの教師の目標や願いであり，実践において追求したいテーマとなっているのである．ところが，教育心理学では，いったいどのような価値観がそこにあるのか見えないことが多く，実験や調査の事実が淡々と語られているだけである．

(2) 「生徒の姿」，「教師の姿」が見えてこない

　教育心理学に登場するのは，人工的に設定された実験場面での被験者であったり，質問紙調査の回答者であることが多い．そのような被験者，回答者がどのようにふるまうかということがわかっても，それは現実の教育場面における，生徒や教師の姿とはほど遠いものであるように感じられる．そこには，生きている「総体的・人格的人間」の姿がない．データをとるために作られた状況で，しかも，研究者にとって当面関心のある側面だけ

に着目しているにすぎないのではないか．
(3) 教育方法の具体的改善案が見えてこない

　教育心理学を学んでも，実際にどのように教育の改善をするのかという示唆が得られないことが多い．確かに，それぞれの知見を見ればそれなりにおもしろいものもあるが，明日からの授業にどう生かされるのかということになると，およそ，役に立ちそうにない．「教育心理学者は教育の処方箋を書かない」という言葉があるそうだが，要するに，「学習や教育の基本原理の理解」を目標にしており，教材や教育技術を開発する実践者と分業をはかっているらしい．確かに，役に立つ教育技術を教育心理学に求めるのは無理なのかもしれない．すると，いったい教育心理学を学んだからといって何になるのだろうか．

いずれももっともな批判であり，教育心理学としてはこれらを真摯に受け止める必要がある．(1)〜(3)に関して，従来の教育心理学からの公式見解的な反論をするならば，一言でいうと，「教育心理学は科学なのだから……」ということになる．つまり，

(1) 教育心理学は科学なのだから，価値中立的でなくてはならない．教育の理念よりも，客観的な事実や理論を重視するのである．
(2) 教育心理学は科学なのだから，科学的方法にのっとって研究する．つまり，実験・調査などによる分析的方法こそが，正統的な方法論である．
(3) 教育心理学は科学なのだから，その目的は「真理探求」である．研究者が各自の関心に沿って問題を追究するのである．実践場面で役に立つかどうかは二の次である．

筆者自身も，研究者としては，こうした反論もしくは弁解をしたくなる気もちがある．しかし，これをふりかざしたのでは，教育実践者やそれをめざす学生とのギャップは広がるばかりである．これだけを見ると，研究者はすべて，実践者の逆を求めているような気さえしてしまう．実践者の関心はあくまでも「教育の改善」であって，学術的な理論や知見は，すべてそこに結びつくものであってほしいと考えるだろう．

学習の手引き

研究と実践の歩み寄り

　筆者は，いままで教育心理学の講義，研修，講演などを行なって，機会あるごとに内容に対する受講者の意見を求めてきた．対象となった受講者というのは，

- ・教職志望の学生，あるいは一般の学生
- ・現職の小・中・高等学校の教師
- ・特定領域（たとえば，外国人への日本語教育）のインストラクター
- ・企業内教育の研修インストラクター

が主なものである．

　その中では，確かに上述したような不満や批判もあり，耳が痛い思いをしたことがある．そして，私自身，研究の方向を軌道修正してきたこともあった．しかし，内容と方法によっては，興味をもって熱心に聞いてくれる受講者も多く，「教育心理学もなかなか捨てたものではない」との思いを強くしている．つまり，教育心理学の研究者と教育実践者との歩み寄りは，十分可能であり，研究も教育も豊かになるような共存共栄の道は開かれているように思われるのである．両者が歩み寄るとは，次のようなことをさしている．

　まず，研究者にとっては，教育心理学の知見が実践といかにかかわりうるのかを明示的に示すことが必要である．実は，教育心理学者が研究で得られた事実を淡々と述べているときでも，研究者自身は深く教育的な意義や示唆を感じており，また，受講者にもそれを感じとってほしいと思っていることは少なくないのである．ところが，それをあからさまに述べることはあまりしない．それは，受講者に託したいと考えている．ただ，一般に，聞き手がそうした意図を感じとることは難しいので，研究者側が自分なりの解釈，応用可能性などを語っていくことが，受講者へのヒントとなり，おもしろさを感じてもらう糸口になるであろう．

　このことは，裏返していえば，教育実践者や学生への注文にも通じる．すなわち，基礎研究の意義を考え，原理的理解から実践をみつめ直すという姿勢で，教育心理学を学んでほしいということである．初めから「明日の授業をするの

に役に立ちそうなことしか，聞く気はない」という態度で臨んでくる極端に実用主義的な受講者もときおりいる．このような受講者のレポートや感想文を読むと，非常に残念な思いがする．他の9割がたの学生が，内容を理解して，さらに考えを発展させているのに，まるで誤解していたり，教育実践と主体的に関連させて考えることを拒んでいるのである．これは，数年たったときに大きな力量の差となって現れるだろうし，そうした教育実践者の「学習観」が生徒たちにも伝わり，「明日から役に立たない授業だから聞きたくない」と生徒に言われることにもなりかねない．

さらに，研究者，実践者双方に対して，歩み寄りのための重要な方向をあげておきたい．それは，「研究者も実践し，実践者も研究する」ということである．学習や教育に関する研究者の通常の活動とは，文献講読，実験，調査などであるが，学校教育や社会教育の中で，教育プロジェクトに参加したり，個別学習指導に協力したりすることによって，実践に関わりながら新しい問題を見出すことが大切ではないだろうか．これは研究者志望の学生にとっても重要なことだと思われる．一方，実践者に対しては，研究的な姿勢をもって，学会発表や論文として実践現場からの問題を提出してほしいと思う．教育実践を学問的に分析したり，理論づけたりしようとすれば，心理学的な方法論や理論の何が役に立ち，何が役に立たないかということもわかっていただけるのではないだろうか．これは，現在教職志望の学生が，将来教師となったときにも，ぜひ考えてほしいことである．

このような歩み寄りを通じて，従来から言われてきた教育心理学と教育実践との間のギャップは，しだいに埋められていくに違いないと筆者は確信している．もちろん，両者の立場や関心の違いはあるにしても，それぞれの話が通じ合い，教育の改善という目的に向かってパートナーとなることは可能だと思うのである．

本書の立場と特徴

本書は，このような歩み寄りの具現化となるようなものにしたかった．教育

学習の手引き

心理学の教科書，解説書はきわめて多い．その中でさらに新たな本を出そうというわけであるから，筆者独自の視点を打ち出した特色のあるものにしたい．と同時に，教科書としての標準的な事項は含めておきたい．このような，一見相反する目標がうまく達せられたかどうかは，読者からの批判を賜ることとして，具体的に，どのような立場から本書を書こうとしたかを明らかにしておこう．

(1) 教育心理学の知見と教育実践場面での問題がいかに結びつくかを示す——一見，抽象的な理論や，実験的な場面で得られた知見も，現実の教育実践と関連をもち，その理解と改善に役立つものである．授業や個別指導の具体的場面・方法を引用しながら，教育心理学の基礎とどのように結びつくのかを示したいというのが，本書の目標である．

(2) 学習者の心理過程の理解を重視する——近年，**認知心理学**(cognitive psychology)という領域は，人間の内的な情報処理過程をモデル化することで，教育心理学にも大きく貢献してきた．また，動機づけ理論も，認知的なアプローチによって最近大きな発展を見せている．本書では，これらの知見を踏まえて，学習者の心理過程を内面から理解するよう努めた．

(3) 筆者自身の研究，実践，考え方を盛り込む——教育心理学の従来の理論や知見の寄せ集めではなく，筆者自身のこれまでの，あるいは現在進行中の研究や実践をある程度盛り込むこととした．とりわけ，学習意欲，理解過程，個別学習指導などの問題で，筆者のデータや主張が含まれている．

(4) 重要概念，用語はもらさないようにする——(3)と同時に，教育心理学のテキストとしての偏りが生じないように，学習心理学，教育心理学，認知心理学の事典やハンドブックを参照して重要項目をあらかじめ精選し，解説を加えるようにした．また，教育方法・技術に関する内容も，ある程度含める方針とした．

(5) 狭義の学校教育だけでなく，個別指導や社会人教育にも通じる内容にする——教育心理学は，いわゆる授業(狭義には，学校における一斉授業をさす)のためにだけあるわけではない．広く，教育的なコミュニケーシ

ョンの場面がその対象となるという立場から，学校教育を中心にしながらも，一般性のある内容にするよう努めた．

以上のように，かなり多くの内容を本書では扱うことになるが，その一方で，本書ではあえて触れなかった領域がある．1つは幼児・児童の発達心理学的な問題である．これは，このシリーズの第2巻『発達心理学』で十分な解説がなされる．もう1つは教育相談，いじめ，非行などの臨床心理学的問題である．これについては，このシリーズの第5巻『臨床心理学』でとりあげられる．学習障害についても第5巻で触れることになった．心理測定や教育統計については，とりあげるとなるとかなりのページを費やすことになるため，思い切って割愛し，参考書を紹介するにとどめた．

本書の構成

本書は次のような構成になっている．まず，学習における出発点ともいえる動機づけの問題を第1〜2章で扱う．教育心理学のテキストでは，「条件づけ」とか「知識獲得」のような学習のメカニズムの問題から入ることが多いが，これらは，私たちが通常行なっている学習行動から見るとなじみにくく，教育心理学がとっつきにくい学問であるという印象を読者に与えやすい．そこで，いわゆる「やる気」とか「学習意欲」と呼ばれるような，感覚的にとらえやすい現象から入り，しだいに心理学的な概念を導入していくことにした．第1章は，心理学全体から眺めた動機づけに対する考え方をやや「お話」風に構成したものである．第2章では，教育心理学的な研究方法の適用例として学習動機を整理し，さらに，動機づけに対する認知的アプローチを紹介して，教育場面における動機づけの方法を考える一助としたい．

第3〜5章は，「学習のメカニズム」を扱っている．第3章では，心理学における学習の捉え方の代表的なものとして，行動主義，認知主義，状況主義を対比しながら紹介している．最近，わが国でも盛んになりつつある状況主義を，柱の1つとしてとりあげたのは，教育心理学のテキストとしては新しい点であろう．それは，この理論(といっても，まだあまり体系化されているわけでは

ない)が学習に対する新たな見方を提供し,教育に対する示唆を与えるところが大きいと予想されるからである.とはいえ,本書は基本的に「学習者の内的なプロセスの理解をめざす」という認知主義の立場に立っており,第4〜5章で知識獲得,手続き的な学習,問題解決の学習などについての認知心理学的な考え方を述べていく.

　第6〜8章は,教授・学習場面における,より現実的な話題をとりあげる.第6章では,認知心理学的な学習モデルの延長として,学習者個々人の知識獲得や技能習得を扱う.これは,一方では,教師が個人の特性や知識を考慮してそれに応じた教授行動をいかにとるかという「個に応じた教育」の問題であり,他方では,学習者が自分自身の学習をコントロールしていくという「自己学習力」の問題となる.第7章では,学級という集団の場での学習のありかたを,認知面,情意面から見ていきたい.なぜ,私たちは,学校という場で,いっしょに学ぶのか,教師はどのような役割を担っているのか.このような疑問に対する答を各自考えながら読んでほしいところである.第8章では,学習者の評価を中心的な問題としてとりあげた.評価の技法を知るだけではなく,評価の目的や心理的影響についてもぜひ考えていただきたいと思う.

　第9章として,近年の教育心理学と教育実践の関わりについて論じる.初版刊行以来15年が経過し,両者の関係にはこの間大きな変化が生じてきている.最近の教育心理学の動向と学校教育への影響をまとめたものを増補版において新たに加えた.

　このように,本書は学齢期以降の学習と教育の過程を中心的なテーマとしていることを了解していただきたい.しかし,演習問題や読書案内で紹介する参考書を通じて考察や知識を広げ,あらためて,この「学習の手引き」で提起した問題を考えてもらえることを,著者としても望んでいるしだいである.

目　次

まえがき
学習の手引き

1　学習意欲の基礎

1-1　動機づけの基本的な考え方 …………………………… 2
（a）生理的動機を重視する考え方　2
（b）親和動機を重視する考え方　4
（c）達成動機を重視する考え方　5
（d）動機づけの階層性理論　6

1-2　内発的動機づけと外発的動機づけ …………………… 7
（a）内発的動機づけとは　7
（b）なぜ内発的動機づけがよいのか　8
（c）学習に動機づけるのはよいことか　12

　　　まとめと演習問題　14

2　動機づけ理論の展開

2-1　学習者から見た学習動機 ……………………………… 18
（a）学習動機を探る　18
（b）学習動機の2要因モデル　19
（c）学習動機に応じた指導方法　23

2-2　動機づけの認知的理論と学習意欲 …………………… 25
（a）学習性無力感と随伴性の認知　26
（b）学習の統制感　28
（c）学習と原因帰属　30

　　　まとめと演習問題　33

目　次

3　学習行動の基礎

3-1　行動主義から見た学習 …… 37
  - （a）条件づけ　37
  - （b）般化・分化と転移　39
  - （c）人間の学習の過程　41

3-2　認知主義から見た学習 …… 43
  - （a）「認知」を重視する考え方　43
  - （b）認知心理学と初期の記憶モデル　46
  - （c）表象と知識表現　49

3-3　状況主義から見た学習 …… 50
  - （a）分散認知と状況的認知　50
  - （b）状況的学習と正統的周辺参加　51
  - （c）学校教育とはどのような実践か　52
  - まとめと演習問題　54

4　知識獲得と理解

4-1　知識表現と概念 …… 58
  - （a）命題的ネットワーク　58
  - （b）イメージの命題的表象　60
  - （c）概念的知識とスキーマ　63

4-2　知識の獲得と構造化 …… 65
  - （a）文章理解における知識と推論の役割　65
  - （b）記憶と理解——必然的な関連づけの成立　68
  - （c）知識の構造化と先行オーガナイザー　72
  - （d）概念地図法による知識の構造化　73
  - まとめと演習問題　75

5　スキルの獲得と問題解決

5-1　手続き的知識とその学習 …… 78
  - （a）プロダクションシステム　78
  - （b）誤ルールと素朴理論　81

（c）メンタルモデルによる学習　84
　5-2　問題解決の過程と学習 …………………………………………… 86
　　　（a）問題解決の認知モデル　87
　　　（b）経験のもたらす制約　89
　　　（c）問題解決力を高める　90
　　　　　まとめと演習問題　95

6　個に応じた教育と自己学習力

　6-1　個人差をどうとらえるか ………………………………………… 98
　　　（a）属性的なとらえ方と状況的なとらえ方　98
　　　（b）学習方法と学習観　99
　6-2　個に応じた学習指導 ……………………………………………… 103
　　　（a）適性処遇交互作用とは　103
　　　（b）適性処遇交互作用の問題点とその克服　104
　　　（c）個別学習指導と認知カウンセリング　106
　6-3　自己学習力とその育成 …………………………………………… 109
　　　（a）メタ認知と自己学習力　109
　　　（b）自己学習力を育てるには　111
　　　　　まとめと演習問題　113

7　授業と学級のはたらき

　7-1　授業をどう見るか ………………………………………………… 116
　　　（a）教師主導型授業と学習者中心型授業　116
　　　（b）なぜ「学校」なのか，なぜ「授業」なのか　118
　　　（c）授業を設計する　121
　7-2　教室での人間関係 ………………………………………………… 126
　　　（a）教師は生徒をどう見るか　126
　　　（b）教師と生徒のミスマッチ　127
　　　（c）学級の風土とそのあり方　130
　　　　　まとめと演習問題　131

目　次

8　教育における測定と評価

8-1　測定と評価 …………………………………………………… 134
（a）心理測定と信頼性・妥当性　134
（b）教育評価とその対象　135

8-2　学習者をなぜ・どう評価するのか ……………………… 136
（a）評価の役割と2つの原則　136
（b）評価の方法　138
（c）絶対評価と相対評価　140
（d）評価のバイアス　141

8-3　評価の心理的影響 ………………………………………… 142
（a）評価に伴う感情　142
（b）評価と学習意欲　144
（c）評価の学習規定性　146

まとめと演習問題　149

9　教育心理学と教育実践の関わり

9-1　教育心理学の実践化 ……………………………………… 152
（a）教育実践への関わり方　152
（b）実践研究の発表の場の拡大　153
（c）実践研究の評価の観点　155
（d）実践研究の広がり　157

9-2　教育界の動向と教育心理学の関わり …………………… 158
（a）学力低下論争　159
（b）教育改革における教育心理学の役割　160
（c）「習得」と「探究」の学習サイクル　161
（d）教えて考えさせる授業　162
（e）教育心理学はどう教育に生かされるか　164

まとめと演習問題　164

読書案内 ……………………………………………………………… 167
参考文献 ……………………………………………………………… 175

目　次

事項索引 ……………………………………………183
人名索引 ……………………………………………187

- ◤ *1-1* 人間は怠けものではいられない　9
- ◤ *1-2* 報酬による内発的動機づけの低下　11
- ◤ *2-1* 相関と相関係数　22
- ◤ *2-2* 機能的学習環境の考え方　25
- ◤ *2-3* 「新しい学力観」と学習意欲　26
- ◤ *2-4* 「セルフラーニング」における進歩の実感　29
- ◤ *3-1* 移転と形式陶冶・実質陶冶　40
- ◤ *3-2* プログラム学習とティーチングマシン　43
- ◤ *3-3* 記憶の方略　48
- ◤ *4-1* 自然概念と人工概念の獲得　66
- ◤ *4-2* 英文解釈の個別指導の記録から　69
- ◤ *5-1* ACT*とニューラルネットワーク　80
- ◤ *5-2* 比率の問題とバランスモデル　94
- ◤ *6-1* 知能と知能検査　102
- ◤ *6-2* 認知カウンセリングにおける指導場面から　108
- ◤ *6-3* 問答法を行なう知的CAIシステム　112
- ◤ *7-1* オープンスクール　117
- ◤ *7-2* 比喩でとらえた授業イメージ　120
- ◤ *7-3* 発見学習と仮説実験授業　125
- ◤ *8-1* テスト不安　145
- ◤ *8-2* 数学テストの学習規定性　148
- ◤ *9-1* 因子分析　156

装丁　矢崎芳則
章扉カット　根本世子

学習意欲の基礎

「新しいことを知りたい」,「わかるようになりたい」,「もっとうまくできるようになりたい」というような気もちは,本来だれでももっているはずである.しかし,教育場面ではそれが損われてしまうことも少なくない.学びたいという欲求はどこから,どういうときにわいてくるものなのだろうか.学習における原点ともいえる,意欲の問題を心理学的に考えてみよう.

1 学習意欲の基礎

「私たちは,いったい何のために学習をするのだろうか.」

「どうしたら,勉強に対してもっとやる気が出るのだろうか.」

このような疑問は,だれしも一度は抱いたことがあるだろう.「学習意欲」とか「やる気」と言われているものは,心理学では一般に**動機づけ**(motivation)と呼ばれている.動機づけは,学習に限らず,行動を方向づける基本的な欲求をさして用いられる用語である.

意識的にせよ,無意識的にせよ,私たちは「何のために学習するのか」という目的や理由をもっているはずである.学習者は,それによって目の前の学習課題にやる気をもったり,失ったりする.一方,教師は,自らの「動機づけ観」に基づいて授業を計画し,生徒を学習へと方向づけようとする.動機づけは,学習行動や教授行動の出発点となる最も基本的な問題といえる.

そこで,ここではまず,心理学の中で動機づけについてどのような考え方があるのかを概観してみよう.また,教育心理学の中で話題とされてきた「内発的動機づけ」と「外発的動機づけ」という枠組みを検討していく.

1-1 動機づけの基本的な考え方

動機づけは教育心理学だけのテーマではない.動物を被験体とすることの多かった行動主義的な学習心理学(3-1節参照),あるいは,労働者の労働意欲を高める要因を探る経営心理学でも,動機づけは重要なテーマであり,心理学のすべての領域に関わってきたといっても過言ではない.ここでは,特に学習の動機づけについて説明力のありそうな理論を,大きく3つにまとめてみよう.

(a) **生理的動機を重視する考え方**

人間を含めて動物が,なぜ学習をするのかについて,最もわかりやすい答は,「学習することによって生理的な欲求が満足されるから」ということだといえそうである.

20世紀の前半に主流であった**行動主義**(behaviorism)の心理学においては,

学習とは基本的に，刺激と反応の連合が報酬によって強められることであると考えられていた．その代表的な理論としてハル(C. L. Hull)の**動因低減説**がある．これによれば，動物はもともと，生理的に安定な状態にあれば何もしない存在である．ところが，
(1) 生理的欲求(飢え，渇きなど)
(2) 苦痛な外的刺激(棒でたたいたり，電気ショックを与えるなど)
(3) それらの生理的欲求や苦痛刺激に条件づけられた刺激

が生じると，不快な心的緊張状態(**動因** drive)が生じ，それを低めるための活動が生じる．たとえば，空腹になれば食物を摂取しようとするし，実験室に置かれたネズミが電気ショックを与えられれば，逃避しようとする．(3)の「条件づけ」については3-1節で解説するが，たとえば，実験室で緑のランプがついた直後に電気ショックが与えられるならば，ネズミにとっては緑のランプが動因を生じ，電気ショックを回避する行動を試みる．動物は，元来は怠けものの存在であると仮定するところから，このような理論を「怠けものの心理学」と呼ぶことがある．

行動主義的学習理論では，人間の学習もこの原理で説明できると考えた．もちろん，人間がある行動をするときには，必ずしもその結果が直接に生理的な欲求を満たすものではないかもしれないが，最終的には欲求の充足に結びつくものである．たとえば，多くの場合，人間は働くことによって経済的な報酬を得るが，金銭は快適な家に住むことや，おいしい食事を食べることなどに結びつく．チンパンジーに対する実験によると，食物と交換可能なチップを報酬とすることで学習が成立することがわかっており，こうした代理的な機能をもつ報酬によって学習が成立することを**二次強化**(secondary reinforcement)と呼ぶ．

このように，生理的な報酬に還元して動機づけを説明する考え方は，説得力がありそうに見える．実際，この考え方にたって，動物の行動に報酬を伴わせれば，曲芸のように，驚くほど複雑な行動を習得させることも可能である．報酬による学習メカニズムの存在は，動物の生存にとって最も基本的なことに違

いない．人間の学習の動機づけも，その延長としてとらえられるのではないだろうか，というのが行動主義に基づく考え方である．

この立場からすると，教育場面で学習に対して動機づけるには，賞罰を伴わせればよいということになる．よく勉強してよい成績をとったとき，物質的もしくは金銭的な報酬を与えることによって学習者を動機づけようとする親や教師もいるであろう．そして，それらは一定の成功をおさめているようにも見える．こうした動機づけ方の問題点については，あらためて 1-2 節で考えることにして，ひとまず他の考え方を見ていこう．

(b) 親和動機を重視する考え方

親和動機(affiliation motive) というのは，「仲間に存在を認められ，仲よく行動をともにしたい」という欲求である．この考え方が強調されるようになったのは，1930 年前後の「組織心理学」の領域である．

当時，アメリカのウェスタン・エレクトリック社のホーソン工場では，ハーバード大学のメイヨー(G. E. Mayo)を中心に，「ホーソン実験」と呼ばれる大規模な実験が行なわれていた．これは，もともと，生産力を高めるための労働条件を見出すためのものだったが，実験を通じて明らかにされてきたことは，むしろ，物理的な報酬や労働条件よりも，職場における心理的要因，とりわけ人間関係の重要性であった．人々は何のために会社で働くかといえば，そこでよい人間関係を築き，皆と楽しく仕事をしたいため，というわけである．たとえ単純作業であろうと，好きな人たちといっしょに何かをすることは楽しいものである．

たとえば，ある実験では，物理的な条件(照明条件，休憩時間のとりかたなど)を変化させて労働効率を測定する際，劣悪な条件にしてみたが，その女子工員グループでは，生産高がまったく低下しなかった．その原因を調べたところ，彼女らは，

(1) 実験的なプロジェクトに参加しているという誇りから，労働意欲が高い．

(2) 仕事のペースなどが自由に決められて，監督者とのおりあいがよい．
(3) 仲間どうしの人間関係がよく，楽しんで仕事をしている．

という特徴が見られた（(1)のように，「自分たちが選ばれて新しい活動に参加している」ということから仕事に熱心にとりくむようになる現象は，**ホーソン効果**と呼ばれる）．

「子どもたちが，なぜ学校に行くのか」ということに関しても，この考え方はあてはまりそうである．学校に仲のよい友達や好きな先生がいれば，彼らといっしょに何かをしていること自体が楽しい．学習することによって何らかの報酬が得られるというようなことが理由になっているわけではない．また，もし人間関係がくずれた場合には，とたんに職場や学校に行くという動機づけが損なわれることも，この考え方のもっともらしさを裏づけている（7-2 節の「教室での人間関係」を参照）．

企業経営の分野では，ホーソン実験の結果を受けて，1930 年代には「人間関係運動」が盛んになる．学校でも，「学級経営」の中で，教師と生徒や生徒どうしの人間関係を基礎とする考え方が重要なことはいうまでもない．また，ホーソン効果から，子どもたちが学習に意欲的にとりくむようになることもしばしばある．たとえば，新しい教育機器や指導方法の実験校，モデル校では，学習成績が高まることがあるが，これは機器自体の効果のほかにも，ホーソン効果が含まれている可能性に注意しなくてはいけない．

(c) 達成動機を重視する考え方

達成動機（achievement motive）とは，「目標に向かって何かをなしとげたい」という欲求のことである．達成動機の重要性を説いた心理学者は多いが，とりわけ，マックレランド（D. C. McClelland）は，幼児期から自立的な達成を奨励する文化の中では達成動機の高い人が増え，経済的な発展を促すことにもつながるということを，史実から例証している．たとえば，古代のアテネでは，儀式の際に達成を鼓舞するようなストーリーをもった神話が多く読まれた時期と，そのころ少年であった人々が成人してアテネが経済発展をとげた時

期との対応が見られる．同様のことは，アメリカで独立達成を説くプロテスタントの教義が普及した時期と，19世紀後期にアメリカが経済発展を遂げた時期との対応にも見られるという．

　達成動機の重要性は，やはり組織心理学の中で認められている．労働者が企業組織にもちこんでくる欲求は，経済的な報酬や人間関係だけではない．いわゆる「やりがい」のある課題を求め，仕事を通して自己実現をはかりたいという気もちは，だれにも多かれ少なかれあるだろう．この考え方では，労働者はできるだけ少なく働いて多くの給料を得ようとしている存在ではない．むしろ，目標を自律的に設定し，それをやり遂げたいという意思をもったものであり，組織はそれを実現する場であるとみなせる．ここで，管理者に必要なことは，賞罰によって労働者を外的に統制することではなく，いかにやりがいのある課題を与え，その達成を援助する環境や制度を整えるかということになる．

　学校教育での優れた実践と言われるものは，こうした考え方に通ずるところがある．つまり，学習者にとって興味深く，意義が感じられる課題を設定し，自律的にそれを解決することを促す．教師は，一方的に知識を教え込んだり，賞罰によって動機づけようとしたりするのではなく，学習者の活動の主体性を尊重し，脇役に徹することによって，学習者の達成感を強いものにする．

　達成動機の強さにはもちろん個人差がある．しかし，それは必ずしも生得的なものではない．企業にしろ，学校にしろ，組織には「風土」というものがある．もっと広く言えば，マックレーランドのあげたような，自立的な達成を重視する「文化」の中で，達成的な行動が推奨されて達成動機が育まれていくのだといえよう．

(d) 動機づけの階層性理論

　これまで述べたのは，心理学の中の代表的な動機づけの理論である．これらは，「人間はなぜはたらくのか」に対する何らかの答となっていると同時に，「人間はなぜ学習するのか」という問に対しても答を提供している．それぞれの理論は，確かにある面からの真実をとらえているように思える．

しかし、これらの考え方は、相互にどういう関係になっているのだろうか。それについては**階層性理論**という考え方があり、その代表者としてマズロー（A. H. Maslow）があげられる。この理論によれば、人間の欲求には低次のものから高次のものまでの階層関係があり、低次の欲求が満たされると、より高次の欲求が現れる。個体保存の欲求（生理的動機や安全欲求）は最も低次の基本的な欲求である。次に、社会的欲求（親和動機や承認・尊敬の欲求）があり、さらに達成動機のような自己実現欲求があるという。

まず低次の欲求を満たさなければ、高次の欲求が生じないという考え方は、企業組織で示唆的である。たとえば、食事や睡眠も十分確保できないような状態であれば、企業内の人間関係に注意を向けることや、ましてや、仕事を通じての自己実現などを求めることは、ふつう難しい。まず、生活のための基本的な労働条件、そして、職場での安定した人間関係を満たすことが、高い労働意欲の前提となる。学習意欲においても、このことはあてはまるのではないだろうか。

1-2 内発的動機づけと外発的動機づけ

(a) 内発的動機づけとは

すでに紹介したように、行動主義心理学では、動因低減説に代表されるように、動物が活動し学習するのは外から与えられる賞罰のためであり、基本的には動物は非活動的なものであると考えていた。しかし、その後、人間をはじめとして、動物は本質的に活動的な面を備えており、また、適度な刺激、新しい情報にさらされていることで、正常な状態を保てる存在であることが、さまざまな領域で示されるようになった。

たとえば、ネズミは満腹状態にあるときでも、積極的な探索行動を起こす。そして、自分のまわりの環境がどのような地理的構造になっているのかについて学習しているのである。サルは、正しい扉を選ぶと外の景色が見えるというような学習が容易にできるようになる。これは、外の景色を見ることが報酬と

しての価値をもっているからこそ成立するわけである．もちろん，外の景色が生理的な欲求を満足させるわけではない．

人間の乳児は，生まれてまもなく**選好注視**(preferential looking)という行動を示す．2つの刺激を提示すると，一方をより長く見るという「好み」を示すのである．好まれるのは，通常，適度な複雑さをもった図形であるという．さらに，感覚遮断の実験（◤ 1-1）は，人間にとって刺激を受けたり活動したりすることが，いかに大切なものであるかを示している．

新奇な刺激を求める傾向は**知的好奇心**と呼ばれる．知的好奇心は，生体の生存に直接関わる生理的な欲求とは異なる欲求である．また，賞罰によって学習された行動ではなく，生来的に，それ自体を目的として生じた欲求である．このように，何か他の報酬を得るための手段としてではなく，それ自体を満たすことを目的とされた欲求を**内発的動機づけ**(intrinsic motivation)と呼んでいる．一方，何らかの他の欲求を満たすための手段としてある行動をとることに動機づけられることは**外発的動機づけ**(extrinsic motivation)と呼ばれる．

内発的動機づけとしては，知的好奇心のほかにどのようなものがあるだろうか．特に学習，教育に関わるものとしては，**理解欲求**と**向上心**をあげたい．理解欲求とは，知識の関連や，ものごとの原因・理由を知りたい，わかりたいという欲求のことである．これを知的好奇心に含めて考えることもあるが，知的好奇心を文字どおり「新奇なことを求める欲求」とするならば，区別するほうがよいだろう．理解とはむしろ，知っていることがらを関連づけるはたらきだからである（第4章参照）．また，向上心は，知識に関しては知的好奇心や理解欲求と重なるが，運動，音楽，絵画などでの技能の上達も含むので，まったく同じとはいえない．

(b) なぜ内発的動機づけがよいのか

教育の中では，学習者の内発的動機づけを高めるということが，しばしば強調される．学習が他の報酬を得るための手段としてではなく，それ自体おもしろいもの，楽しいものとして感じられるようになることがめざされる．これは，

人間は怠けものではいられない

動因低減説が正しければ、生理的に満たされた状態にいる動物は、いわば「至福」の状態であることになる。それでは、飢え、渇き、睡眠、排泄などの基本的な生理的欲求を満たして、その他のよけいな感覚刺激はできるだけ与えないような状態に人間をおくと、どのようなことが起きるだろうか。このような実験は、**感覚遮断**(sensory deprivation)の実験と呼ばれており、実際に1950年ごろにカナダやアメリカで行なわれた。被験者には、図1-1のように目には覆いをし、腕や脚にもカバーをして、物理的刺激にさらされないようにする。もちろん、食事などは、被験者の要求に応じて十分与えられる。

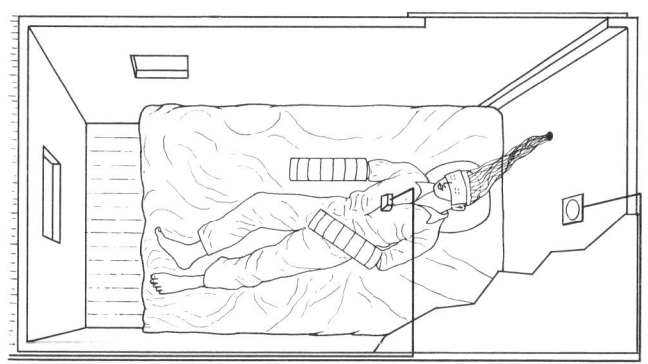

図1-1 感覚遮断の実験のようす。手には筒がはめられ、眼には覆いがかぶせてある。耳はU字型の枕で覆われている(Heron, 1957を改変)

被験者は、至福どころか、このような状態にほどなく耐えられなくなる。はじめのうちは、寝ていたり、退屈を紛らわせるために自分で話したりしている。しかし、2～3日もすればたまらなくなり、高額の謝金がもらえるにもかかわらず、出してほしいと言うようになる。それでも耐えて続けている被験者は、簡単な計算もできなくなったり、幽霊などの非現実的な話を鵜のみにしてしまうようになる。一種の洗脳状態である。実験終了後もなかなか正常な状態に戻らないこともあったため、こうした実験はその後禁止されるようになったという。

1 学習意欲の基礎

いったいなぜなのだろうか.

1つには，外発的動機づけによる学習は，賞罰が与えられない状況になると学習しなくなる可能性があるためである．小遣いをもらうために勉強している子どもは，小遣いをくれる人がいなくなれば勉強に興味を示さなくなる．大学に受かることだけを目標としてきた生徒は，大学に入ってしまえば学習をしようとはしない．それに対して，対象への興味や，自己の充実を目的としている学習者ならば，そうした外的要因とは独立に学習を持続できるであろう（ 1-2 参照）．

もう1つには，外的な賞罰に注意が向けられて，学習そのものに関心がなくなると，高い関与が期待できず，結果的に低い遂行成績となってしまうことである．私たちは，それ自体が好きでやっている趣味やスポーツなどでは，知らず知らずのうちに詳しい知識や高い技能を身につけていたりする．これは，苦にならずに集中でき，上達のための創意工夫を積極的に行なうためと考えられる．

特に，学校で行なわれている教育は，科学者の探究活動や芸術家の創作活動がモデルになっていることに注意するべきであろう．彼らの動機は，何かの報酬を求めてとか，何かの役に立つからというよりは，活動それ自体に興味・関心が向けられ，高い遂行に至っている．また，結果的に名誉や金銭的報酬を伴うことがあっても，それが第一義的にめざされているわけではない（こうした考え方には別の問題点もあるが，それについては 2-1 節で触れる）．

とりわけ，非難，叱責などの罰を恐れるために何かの行動をとっているような場合には，失敗を避けたいという消極的な態度になりやすい．学習の場合であれば，とりあえず必要最低限のことだけをしておくということで，形骸的なものになってしまう可能性がある．こうなると，学習はもはや，自分の意思で，自分のためにやっているとは感じられず，学習の成果はあまり期待できない．

1-2

報酬による内発的動機づけの低下

　サルは，好奇心が強く，目新しい遊びをするのが好きである．ところが，こうした活動にあえて賞や罰を伴わせると，どういうことになるだろうか．ハーロウ(Harlow, 1950)は，サルが自発的に解く知恵の輪のようなパズルを与え，しばらくの間自由に遊ばせてから，解けるとエサを与える条件に変えた．すると，そのときは，ますますいっしょうけんめい解くようになるが，再びエサを伴わせない条件に戻したとき，そのパズルにはまったく興味を示さなくなってしまったのである．

　人間の場合にはどうだろう．デシ(Deci, 1971)は，大学生を被験者にして，3日間の実験を行なっている．2日目に，実験群ではパズルを解けると金銭的な報酬が与えられるが，対照群では何の報酬もない．そして，1日目から3日目を通して，実験の合間に設けられた自由時間に，どれくらい自発的にこのパズルを解こうとするかが観察された．実験群の学生は，2日目の自由時間はかなり熱心にやり続けるが，3日目になると，とたんに興味を失ってしまう．これは，報酬なしの学生が，3日間を通して興味をもってやり続けたのと対照的であった．

　また，レッパーら(Lepper, Green & Nisbett, 1973)は，幼児のお絵かき活動に対して，あらかじめ「いいのが描けたら，ごほうびをあげるから」という教示できれいな賞状を与える条件を設けた．そして，もともとごほうびの約束をしない群や，約束はしなかったが，絵を描いたあとにごほうびを与えた群との比較を行なった．比較は，こうした経験の1～2週間後の自由時間に，どれくらい自発的に絵を描くかでなされた．すると，ごほうびを予告されて与えられた群の子どもたちは，他の2群の子どもたちより，すすんで絵を描くことが明らかに少なかったのである．

　このように，自発的に行なっている活動に報酬を伴わせることによって，その活動が報酬を得るための手段となってしまうと，内発的な動機づけが低下するということが，一連の研究で示されている．それでは，教育において，いっさいの報酬や罰は与えないほうがよいのだろうか．これについては第2章と第8章であらためて考えてみよう．

(c) 学習に動機づけるのはよいことか

およそ動物であれば，何らかの学習能力をもっている．エサのある場所を記憶したり，危険を味わった経験からある行動を抑制するということが，適応上必要なことはいうまでもない．報酬や罰による外発的な学習は，昆虫や軟体動物でもすでに十分見ることができる．一方，動物には，知的な活動をそれ自体として好むという内発的動機づけがあることをこれまで見てきた．しかし，内発的動機づけはいったい何のために備わった欲求なのだろうか．動物の中でどのような種でも，そのような傾向をもっているわけではなさそうである．また，人間でもかなりの個人差があるように思える．いろいろなことにも興味をもって学習するのは，どのような点で「良い」のであろうか．

系統発生的に見ると，進化の進んだ高度な種ほど内発的動機づけは高いといえそうである．つまり，一見，何のためになるのかわからないような遊びや探索的な行動を自発的にとることが多くなる．動機づけも，進化の産物であるとすれば，それは何らかの意味で適応のための機能を伴っているはずである．

知的好奇心についていえば，たとえすぐに何の役に立つかわからない情報でも，ひとまず蓄積しておくということは，いざというときに使える点で有利である．たとえば，3-2節で「潜在学習」として紹介されるように，探索行動をして迷路の構造を把握していたネズミは，エサがもらえる手続きになったときに，すばやく迷路の中を移動してエサを獲得できるのである．同様に，ホテルにチェックインするとすぐ中を歩き回っていた人は，部屋で寝ころがっていた人よりは，いざ火事になったときに，すみやかに非常口から脱出できる可能性が高い．

一見ムダなことを学習しておくというのは，一種の「貯蓄」や「保険」としての価値がある．それは，実際，多くの場合にムダになるかもしれないが，その中のいくらかは，いずれ役に立つ可能性がある．多くの人は，「あそこで勉強していたことが，あとから実に役に立った」とか，「こんなことになるなら，もっと勉強しておけばよかった」と思った経験があるに違いない．知的好奇心によって，当面必要なさそうな情報までも積極的に獲得しておくということは，

こうした適応上の意味をもっていると考えることができる．そして，このような，ある意味では「ぜいたくな」情報処理様式は，十分なゆとりのある記憶容量をもった動物でないと行ないえないのである．

ところが，一方では，そうして得た情報を無関連なままに蓄積することは，膨大な記憶容量を必要とするし，検索の効率も良くない．知識を一般化して，応用することもむずかしいに違いない．そのため，知識どうしの関連をつけて，ルール化，構造化をはかるという処理が必要になってくる．この動機づけが「理解欲求」といえる．第4章で見るように，私たちは理解によって丸暗記から開放され，記憶の負担を軽くすることができる．

> 私たちがわからなくて困っているときというのは，対象の中の要素がバラバラで，相互の関連がつかめないときである．部分と部分がつながり，全体として1つの構造が見いだされたときに，私たちは「わかった」と思う．［中略］わかることに伴う感情には，興味深いものがある．わからないときの不快感は，「忘れそうだ」「このままでは，この情報は役に立たない」という危険信号ではないだろうか．一方，わかったときの快感というのは，丸暗記による記憶の負担から開放された喜びを表しているように思えるのだが，どうだろうか．
> 　　　　　　　　　　　　　　　　　　　　　　　　　　　　（市川，1994）

こうして，知的好奇心による情報の拡大と，理解欲求による情報の圧縮を繰り返すことによって，知識体系の充実をはかっていくというのは，高度な動物にとって，実に合理的な方式であると考えられるのである．その意味で，内発的に動機づけられた学習者は，適応上「良い」といえる．人間のような高度な生物には遺伝的に，知的好奇心や理解欲求などの内発的動機づけが組み込まれているというのは不思議なことではない．実際，科学の発達はこうした欲求に支えられて，多くのムダを含みながらも，全体として文明の進歩に貢献してきたのである．

しかし，一方では，次の2つのことに注意する必要がある．第1は，「報酬と罰によって学習する」という，進化論的にははるかに古くからの行動様式もまた，人間には備わっていることである．エネルギーや情報処理容量が十分でない場合に，この様式はムダを押さえるはたらきをもっている（能力に比して

1 学習意欲の基礎

学習量が多すぎる場合に,「役に立ちそうもないことはやりたくない」という生徒の反応は,防衛反応として妥当である).第2は,知的好奇心や理解欲求のおもむくままに行動することを美化しすぎると,かえって本人にとっても社会にとっても問題となることである(「科学者は,好奇心に基づいてどのような研究でもしてよい」ということにはならない).攻撃性や競争心をはじめ,すべての欲求にあてはまることであるが,もともと適応的な意味をもったものであっても,それをどのような形で,どの程度に実現させるかについては,社会では理性的なコントロールが必要になるのである.

▷ 第1章のまとめ ◁

1-1 学習や労働に対する意欲を説明するのに,従来,生理的動機,親和動機,達成動機を重視する動機づけ理論がそれぞれ存在した.

1-2 階層性理論は,これらの動機づけには階層関係があり,より低次の欲求が満たされることによって,高次の欲求が発現すると考える.

1-3 一方,学習活動それ自体を自己目的的に行なおうとする内発的動機づけと,報酬を得るために手段的に行なう外発的動機づけという区分もある.

1-4 内発的に行なっている行動に対して賞罰を伴わせることによって,かえって内発的な興味を失わせてしまうことがある.

キーワード

動機づけ　生理的動機　動因低減説
親和動機　ホーソン実験　人間関係
達成動機　自己実現　階層性理論
内発的動機づけ　選好注視　感覚遮断　知的好奇心
理解欲求　向上心

▷ 演習問題

1-1 本章であげた人間の3つの基本的な動機づけに即して，学習意欲を高めるために，学校教育ではどのような方法がとられているか考えてみよう．また，それぞれの方法の長所と問題点は何だろうか（第2章を読む前に，ぜひ読者自ら考えてみてほしい）．

1-2 それまで自己目的的に行なっていた活動に報酬が伴うことによって，報酬なしになったときやる気がなくなってしまう例を，日常生活の中から考えてみよう．さらに，対象への本来の魅力が，報酬によって変化してしまう例もさがしてみよう．

1-3 不勉強や低い成績に対して，親や教師が叱って勉強させるのはどのような点でよくないだろうか．またよくないとわかっていても，ついつい叱ってしまうのはなぜだろうか．各自の考えをまとめた上で，討論してみよう．

1-4 1-1節の3つの動機づけの区分と，1-2節の内発的動機づけと外発的動機づけという区分とはどのように対応するか考えてみよう（2-1節も参考にして，あらためて学習動機を分類・整理してみることを勧める）．

2 動機づけ理論の展開

学習の動機を回答者から収集して分類，整理し，第1章ではとらえきれなかった動機づけの側面をまずとらえてみよう．それぞれの学習動機に応じた教育方法としてどのようなものが考えられるだろうか．さらに，近年の認知的な学習動機づけ理論，すなわち，「学習の有効性や成功・失敗の原因を，学習者がどう認識しているかが，学習意欲にとって重要な要因である」という考え方を紹介する．

2-1 学習者から見た学習動機

　第1章では,心理学の中で代表的と思われる3つの動機づけ理論を紹介し,人間がなぜ学習するのかを考える出発点とした.また,報酬を求め,罰を避けようとして新しい行動を身につけていくのは外発的動機づけによる学習であり,学習それ自体が目的となっている場合は内発的動機づけによる学習と呼ぶことを見てきた.しかし,こうした枠組みは,人間が学習する動機をとらえるのに十分であろうか.

　そこで,今度は心理学的理論からトップダウン的に学習の動機をとらえるのではなく,学習者から多くの回答を収集して,それを整理していくというボトムアップ的なアプローチで考えてみよう.実は,こうしたアプローチから包括的に学習動機をとらえる心理学的な試みは,まだあまりない.読者自ら,自分なりに学習動機について整理すれば,教育心理学的研究法の実習としてもよい素材となるだろう.

(a) 学習動機を探る

　現実場面での学習動機について調べようとするとき,通常まず行なってみるのは,自由記述をしてもらって多様な回答を収集することである.中学生以上であれば,自分の動機について,ある程度分析的に考え,述べることができる.もちろん,それが本当の動機と言えるかどうかについては,意識的,無意識的なバイアスがあるので,単純に認めることはできない.しかし,ここでは,多くの回答を収集・分類して動機づけの枠組みを考え直すことが目的なので,ひとまずそれが達せられればよいこととしよう.

　表2-1は,大学生30名ほどに,高校での勉強を想定してもらい,集めた回答の例である.「一般に,人はなぜ勉強しているのだと思いますか」と「あなた自身は,なぜ勉強していたのですか」の2つの質問それぞれに対して回答してもらったが,実際には,両者で現れた項目は似たものが多かった.こうして

出された項目には意味的に同じものが多くあるので，それらは統一して整理する．そして，似ていると思われるものを分類して特徴づけ，さらに項目群どうしの関連を考察していくことになる．

表 2-1　自由記述によって得られた学習動機の例

受験や資格のため，しかたなく
学歴や地位を得ようとして
親や先生にやらされている
勉強ができると優越感があるから
他人に負けたくないから
みんながやっているので，なんとなく
先生が好きだったから
やらないとあとで困ることになるから
将来の職業に必要な知識が得られる
頭の訓練として
学習のしかたを身につけるため
好きな勉強はそれ自体おもしろいから
わかる楽しみがあるから
充実感が得られる
　　　………

(b) 学習動機の2要因モデル

　従来の心理学的理論で提出された考え方は，回答を分類するためのヒントとなりうる．しかし，それだけではおさまりがつきにくいならば，むしろ新たな整理の枠組みを考えなければならない．ここではまず，1-1節で述べた3つの動機づけに対応するものを見出してみよう．

(1) 「こづかい（ほうび）がもらえる」，「ほめられる」，「しないと叱られる」に代表される，報酬と罰による外発的な動機．「学歴や出世のため」もひとまずここに含めておくことにする．

(2) 「みんながしているから」という同調的な動機．これは，集団への帰属欲求の現れとみなせるので，広い意味での親和動機とする．「先生が好きだから」というのも，人間関係が動機となっている点では共通している．

2 動機づけ理論の展開

(3)「新しいことを学ぶのはそれ自体楽しいから」,「わかるとおもしろいから」,「勉強によってもたらされる充実感のため」というような,知的好奇心,理解欲求,向上心に根差した内発的な動機.

これらを,それぞれ,「報酬志向」,「関係志向」,「充実志向」と名づけることにしよう.(3)を「達成志向」としなかったのは,「何かを成し遂げる」という,「達成」本来の意味合いが必ずしも含まれていないからである.

一方では,このどれかには分類しにくいものもあることに気づくだろう.たとえば,

(4)「生活上必要な知識を得るため」,「将来の仕事にいかすため」というような実用を意識した動機.学習を目的達成の手段として考えている点では報酬志向と似ているが,学んだ知識や技能自体のもつ有効性を信じている.

(5)「人に負けたくない」,「人より優れていたい」などの競争心,自尊心に関わる動機.これは,社会的な動機ではあるが,同調的もしくは親和的な動機と異なり,自己の優位性を示したいという気もちがある.

(6)「頭の訓練になるから」,「学習のしかたを学ぶため」というように,学習を通じて間接的に知的能力を伸ばすという動機.学校での勉強は,知的訓練としての意義があり,そこで得た力が他の学習場面でも生かせるという考え方である.

そこで,これらはそれぞれ「実用志向」,「自尊志向」,「訓練志向」と名づけよう.

ここからの心理学的な作業は主に2つある.1つは,大きく6つに分類したこれらの動機をどのように関連づけてとらえるかという「構造化」,「モデル化」の作業である.たとえば,1-1節(d)で紹介した階層性理論は,動機づけを1次元的に構造化した例とみなせるが,この6つとなるとどのように構造化したらよいだろうか.もう1つの作業は,これらの分類に基づいて下位項目をつくり,個人差が測定できるような質問紙を作ってみることである.通常は,それぞれの項目があてはまるかどうかを3～7段階くらいで自己評定する形式のものをつくり,調査を行なってみる.そして項目間の相関関係(◤2-1 参照)

2-1 学習者から見た学習動機

から，6つの分類が適切であったか(あるいは，それぞれの項目は妥当であったか)を分析していくことになる．

実際の研究では，これら2種類の作業を，並行して，繰り返し行ないながら，枠組みを徐々に変更してあるモデルなり理論なりに至ることが多い．図2-1には，暫定的に考えられているモデルを，枠組みの一例として紹介しておこう．これを，「学習動機の2要因モデル」と仮に呼んでおくことにする．多次元的な軸を設定して要素をその中に位置づけていくというのは，構造化をはかるときにしばしば使われる手法である．特に，2次元の構造化は視覚的にもわかりやすいという利点がある．また，しだいに枝別れしていく「ツリー状の階層化」というのも構造化の技法としてよく使われるので，各自試みてほしい．

筆者らの行なってきた質問紙調査の結果では，それぞれのグループの項目どうしは相関が高く，グループ間では相関が低いという結果が得られ，統計的な意味からもこの分類の妥当性がある程度裏づけられている．ただし，「学歴，地位，出世のため」という動機は，直接的な報酬を求めるという項目との相関

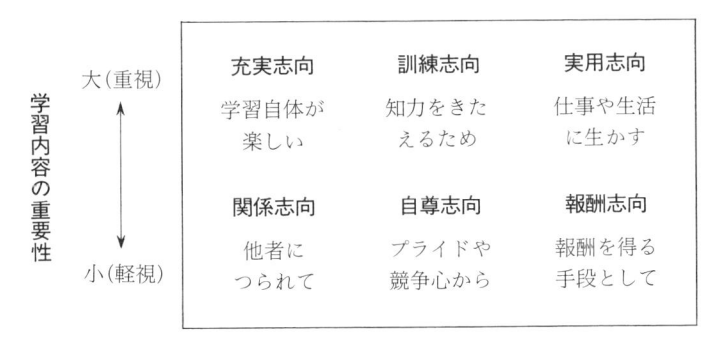

	大(重視)		
学習内容の重要性	充実志向 学習自体が楽しい	訓練志向 知力をきたえるため	実用志向 仕事や生活に生かす
	関係志向 他者につられて	自尊志向 プライドや競争心から	報酬志向 報酬を得る手段として
	小(軽視)		

小(軽視) ←→ 大(重視)

学習の功利性

図 2-1 学習動機の2要因モデル．6つの種類に分類した学習動機を構造化した1つの例．横の次元は，学習による直接的な報酬をどの程度期待しているかを表す．縦の次元は，学習の内容そのものを重視しているかどうかを表す．これら6つの動機は相互に相関が低いことが仮定されているが，実際にどのような相関関係があるかは，調査によって実証的に検討していかなくてはならない．

2-1 相関と相関係数

　心理学では，**相関**(correlation)という統計学用語がひんぱんに使われる．物理現象であれば，たとえば真空での落下時間と落下距離のように，x が決まれば y が決まるという一意的な関数関係がある．ところが，心理現象や社会現象では，「全体的な傾向としては，x が大きくなれば y も大きくなる」というように，ゆるい対応である場合が多い．これを「相関関係」という．たとえば，知能検査の得点と学業成績には相関があるが，知能検査得点が高いと必ず学業成績が高いとは言えないから，関数関係があるとはいえない．

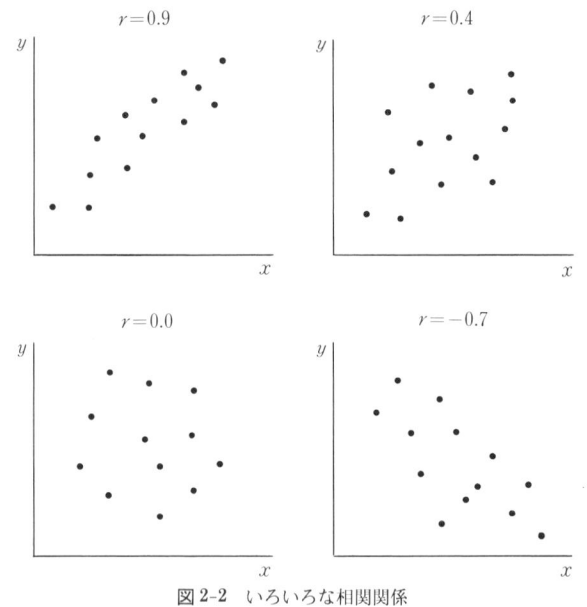

図 2-2　いろいろな相関関係

　相関関係では，その関連の強さが問題となるが，それを表す指標が**相関係数**である．図 2-2(a) のように，右上がりの直線上にかなり測定値が密集している場合は，相関係数は 1 に近くなり，関連が弱くなるにつれて絶

対値が小さくなる．さらに，x が大きくなると y が小さくなる傾向があるときは，相関係数は負の値になる．N 人について，測定値の組 (x_i, y_i) が得られているとき，相関係数 r の定義式は，次のようになる．ただし，$\overline{x}$, $\overline{y}$ は，それぞれ x, y の平均である．

$$r = \frac{\sum\limits_{i=1}^{N}(x_i - \overline{x})(y_i - \overline{y})}{\sqrt{\sum\limits_{i=1}^{N}(x_i - \overline{x})^2}\sqrt{\sum\limits_{i=1}^{N}(y_i - \overline{y})^2}}$$

より，自尊志向を表す項目との相関がむしろ高くなるようである．学歴や社会的地位への欲求は，それに伴う経済的報酬や衣，食，住の向上への期待ということよりは，自己の優越性の確認という意味あいが強いことが，こうした調査を実際に行なってみると示唆される．

(c) 学習動機に応じた指導方法

　学習動機についておおまかな分類を試みたところで，それぞれに対応してどのような指導方法がとられているかを考えてみよう．親や教師は，自分なりの「動機づけ観」をもっている．これは，「子ども(あるいは，人間)はなぜ学習するのか」，「どのようにすれば学習に動機づけられるか」という，個人的な理論である．(こうした「理論」がどのようなものであるかは，それ自体が教育心理学の研究対象として興味深いが，まだ研究が少ない．6-1節(b)を参照してほしい．)あるいは，児童・生徒を個別に判断し，「この子はこのような動機が強いので，こうすればやる気が出る」というような経験的な知識に基づいて対処することもあるだろう．

　次にまとめたのは，教育者がどのような動機を重視するかによって，どのような動機づけ方がとられるかの例である．

　(1) 充実志向を重視する場合——学習者がおもしろがって，自らすすんでとりくめるような課題を用意する．自分自身の知識や技能の向上が実感で

きるような課題設定や評価方法を考える.
(2) 訓練志向を重視する場合——知識や技能は,それを得る過程でさまざまな力がつくことを理解させる.学習の転移(3-1節参照)が起こるような状況を設定したり,学びかたの学習が他の場面でも応用できることを示す.
(3) 実用志向を重視する場合——学習したことが,生活や他の学習の文脈でどのように生かされるのかを明らかにする.あるいは,本人にとって興味のわく課題の追究の過程で,他の学習が必要感を伴って成立するようにする(◕ 2-2 参照).
(4) 関係志向を重視する場合——教育者との人間関係や学習者同士の人間関係に注意をはらい,楽しい雰囲気づくりを心がける.そのためには,学習だけでなく,遊びや食事などの日常場面を通じて,全人格的なつきあいを重視する.
(5) 自尊志向を重視する場合——優れた点を積極的にほめて自信をもたせるようにする.また,他者との競争意識をかきたてる.たとえば,高い成績の学習者に対しては,成績を公表したり表彰したりして,多くの人から認められる場面をつくる.
(6) 報酬志向を重視する場合——勉強することないしは成績に対して,ほうびやこづかいを与えたり,逆に,極端な場合には,勉強しないと体罰を与えたりする.直接的な報酬と罰でなくても,賞賛や叱責で動機づけようとする.

こうした動機づけ方について,それぞれどのような長所があり,どのような短所があるのか,すなわち,どのような意味において有効なのかは,ぜひ読者自身が考察していただきたいと思う.学習に対して主体的な意欲をもってとりくめるようにするには,どうしたらよいかというのは教育上の大きな問題であるが,最近特に「新しい学力観」(◕ 2-3)ともからめて議論が盛んである.1-2節の「内発的動機づけと外発的動機づけ」,8-3節(b)の「評価と学習意欲」,参考書としては,読書案内に掲げた波多野(1980),下山(1995)などを一読してほしい.

機能的学習環境の考え方

1980年代の半ばごろから，**機能的学習環境**(functional learning environment)という用語が使われるようになった．これは，学習したことがどのように使われるのかが，学習者からよく見えるような学習状況をつくろうという考え方である．

たとえば三宅・杉本(1986)は，短期大学でのゼミで，パソコン通信ネットワークを使い，アメリカやイスラエルの学生とアンケート調査を依頼しあったり，研究を交換するという教育実践を報告している．ここでは，英語の学習やコンピュータ操作の学習が，自分たちのやりたい活動を実現するために機能しているといえる．つまり，なぜ，そのような学習をするのかという意義や必要性が，学生にとって明らかになっている．

英語の学習に関していえば，通常の日本の学校での学習は，生徒にしてみると「テストがあるから」(報酬志向や自尊志向)という動機になりがちである．また，教師側からは，「教養を身につけてほしい」(訓練志向)，「英語そのもののおもしろさを知ってほしい」(充実志向)ということが多いように思われるが，これらは，英語自体にすでに強い興味をもって勉強している生徒以外には，必ずしも説得力がない．コミュニケーションの手段としての本来のはたらきが感じられるような状況設定をすることが，機能的な英語学習環境ということになる．

機能的学習環境は，知的好奇心などの内発的動機づけに訴えるのとも，学習内容と直接関係のない賞罰で動機づけるのとも異なり，知識や技能の実用的な側面を重視した考え方といえるだろう．

2-2 動機づけの認知的理論と学習意欲

学習すれば，私たちは知識や技能を得て，より有能になれる．ところが，そのような感覚をもてない状況であれば，私たちは学習することの意義が感じら

2 動機づけ理論の展開

2-3 「新しい学力観」と学習意欲

1989年の文部省学習指導要領の改訂(実施は1991年度より)にあたって,「新しい学力観」という概念が打ち出され,教育界では話題を集めた.その中心となる理念は,従来のように知識・理解を最優先にするのではなく,「社会の変化に主体的に対応できる能力」をめざし,学習意欲,判断力,表現力などに重点を置いていくというものであった.

こうした動きは,授業の方法や,評価のしかたなど,日本の教育全体に大きな影響を与えつつある.評価の原簿である指導要録も改訂され,「観点別評価」の1つの項目として「関心・意欲・態度」を設けることになった(8-3節参照).こうなると,従来型の教科学習に児童・生徒を動機づけるという一方向的な改革ではなく,学習者の関心や意欲に沿った内容や教育方法をとりいれていくという,教育する側の変化も問題にされなくてはならない. ◣2-2で紹介した「機能的学習環境」にも関わってくる問題である.

学習意欲というものをどのように高めていくべきかについて,社会全体で考えていくよい機会といえそうである.

れなくなって,やる気を失ってしまうだろう.学習を持続させるには,学習者が自分自身を有能な存在であると認識していることが重要な要素である.ここでは,近年の「認知的な学習動機づけ理論」を紹介し,有能感を高める教育的なはたらきかけを考えてみよう.

(a) 学習性無力感と随伴性の認知

学習意欲が低いというのは,生まれつき備わった属性なのだろうか.1-2節では,人間のような高度な生物には,内発的な学習意欲が遺伝的に与えられている可能性を述べた.もし,学習への動機づけが低くなってしまうとすれば,それはむしろ後天的な要因によって,「学習をしても無意味である」とか「自分には学習などできない」というようなことを,それこそ学習してしまった結

果と考えられないだろうか.

　セリグマンとメイヤー(Seligman & Maier, 1967)は，イヌを被験体にして，**学習性無力感**(learned helplessness)，すなわち，学習によって獲得された意欲減退に関する示唆的な実験を行なっている．3-1節(a)で述べるように，動物の学習の実験では，動物がある反応をすると，エサをもらえたり，電気ショックから逃れられるというような状況にする．すると，その反応がしだいに多く，すみやかに起こるようになるわけである．ところが，セリグマンらの実験では，どのような反応をしようとも電気ショックから逃れられないという事態に，イヌをしばらくおいておいた．すると，電気ショックから逃れられる条件に変えても，それらのイヌは何もせずに，じっと電気ショックを受け続けるだけになってしまったり，学習するにしてもかなり長い時間がかかってしまうことがわかったのである．実験において同じだけ電気ショックを受けたとしても，自分で脱出できる条件にあったイヌには，このような現象は見られなかった.

　自らがコントロールすることのできない不快な刺激にさらされていると，受動的で無気力になってしまう．このことは，人間を被験者にした多くの実験でも確認されている．ヒロト(Hiroto, 1974)は，騒音をどうしても止められない実験状況に置かれた被験者は，止めることが可能な事態になっても学習成績が著しく悪くなることを示している．また，解決不可能な問題を与えられ続けることによって，不安が高まったり，実験者に敵意をいだいたり，普通なら解決できそうな問題でも解こうとしなくなったりするということが確かめられている(Dweck & Reppucci, 1973；鎌原, 1985).

　学習性無力感という現象は，「たび重なる失敗によってやる気を失う」というように理解するべきだろうか．それは必ずしも妥当ではない．というのは，自分の行動と関わりなく報酬を与えられるという事態でも，やはり人間は無気力になってしまうからである(鎌原ほか, 1983)．こうした実験的な研究は，けっして多くはないが，勉強してもしなくてもテストで良い点がとれたり，まったく働かなくても一定の給料が支給されるような状態であれば，やる気が著し

くそがれてしまうということは，容易に想像できるだろう．重要なのは，成功や失敗が，自分の行動と随伴しているかどうかという認知なのである．

(b) 学習の統制感

学習意欲がわくためには，私たちが環境をコントロールできる存在であると感じられることが必要である．ロッター(Rotter, 1966)は**統制の所在**(locus of control, 定訳はまだない)という概念を提出した．自らの能力や行動に関係なく，環境側の要因で結果がもたらされると思っている場合には**外的な統制**と呼ばれ，逆に自らの行動が原因となって結果が生じていると認知している場合には**内的な統制**と呼ばれる．

また，ド・シャーム(deCharms, 1968)の提唱した**オリジン**(origin)と**ポーン**(pawn)は，行動を起こす原因が自らにあるか，他者やそのときの状況にあるかということに関わる概念である．チェスのゲームにたとえれば，これは「指し手」と「コマ」にあたるという．オリジンは自分の意志で動いている状態であり，ポーンは誰かに動かされているという状態である．

この2つの理論には，学習意欲の重要な側面が集約されている．まず，学習は，自分がやれば，やっただけの成果が現れるということが必要である．つまり，「やりがい」があるということになる．やりがいは，学習の内容自体に向けられていることもあれば，学習を手段として本来の目的がどれくらい達成されるかに向けられることもあるだろう．前者は2-1節で見た「充実志向」ということになる(↘*2-4*参照)．後者は，直接的には「報酬志向」と「実用志向」に該当し，やや間接的には「訓練志向」と「自尊志向」ということになろう．

そして，学習には，学習者自身の始発性が必要である．勉強に対してやる気をなくさせる一番の方法は，やろうとしたときに「勉強しなさい」と言うことであるといわれる．「勉強をやらなくては」とか「勉強はためになることだ」というような気もちは，だれしも多かれ少なかれもっている．しかし，それだけに，自分の勉強しているという行為が，「他者に言われたためにしかたなくしている」とは思いたくないのである(こうした現象は，よいことだとは思っ

> **2-4**
>
> **「セルフラーニング」における進歩の実感**
>
> 　塾講師である平井雷太氏は，自らの実践に基づいて『セルフラーニング』(新曜社，1990)という本を著している．彼の塾では，「教えない，ほめない，叱らない」という方針で，生徒は自分でプリントを選び，自分でタイムを計り，採点をする．学習は，生徒にとっても教師にとっても楽なものでなくてはならないということから，この方式を「らくだ式」と称している．
>
> 　運営の詳細は彼の著書に譲るが，外的な賞罰をいっさい排除しても自己目的的に学習を継続させる秘訣の1つは，知識や技能の向上が，常に学習者に見えやすくなっている点ではないかと思われる．ストップウォッチでタイムを計るのもそのためである．スポーツの練習でも，こうした「自分との競争」というのは効果的である．ただし，それだけに，進歩が目に見えにくい領域では，必ずしもうまくいかない可能性がある．実際，彼の塾では「計算」と「漢字」しか扱っていないという．
>
> 　どちらにしても，知識・技能の向上を把握しやすくするというのは，学習の成果を明らかにし，学習に対する統制感を高めていくための大切なポイントである．学習量に比例して進歩するような比較的単純な学習には，すぐ応用できそうである．また，概念理解や問題解決についても，わかったことをそのつど表現させていくような方法(4-2節，5-2節参照)をとることが，進歩を実感させる上で有効である．

ているが，ついついしにくいこと——たとえばハードな練習，家事の手伝い，電車で席を譲る行為など——に，すべてあてはまるようである)．

　大切なことは，学習行動全体に対して，学習者自身が自律的な統制感(自分の意志でコントロールしているという感覚)をもっていることである．そのためには，学習者自身に自己選択の機会を増やし，その結果も学習者自身が負っていくという「自己選択」「自己責任」という方向に，教育も動いていく必要があるだろう．しかし，これがなかなか難しいのには，次のような理由が考え

2 動機づけ理論の展開

られる．

(1) 教育者もまた統制欲求をもった存在である．教育者の行動の成果とは，通常，学習者が学習に動機づけられ，良い成績をあげることである．そのため，「自分が学習にしむけたのでしっかり学習している」「自分がうまく教えたので成績が良くなった」というように，学習者の成功が自分に帰せられることを望みがちである．これが過度になると，学習者の統制感，自律性とまっこうからぶつかることになる．

(2) 自己選択の結果，学習者は「学習しない」ことを選択したり，学習において失敗をすることがある．これをほうっておくと，結局は無力感に陥ったりして，学習を放棄してしまう．そのためには，学習に対する「介入」なり「援助」なりは不可欠と考えられるが，それがしばしば「おしきせ」や「おせっかい」になりがちで，学習者の自己選択の機会を奪ってしまう．

(3) 学習者自身が，失敗しそうで不安な状況になると，失敗の原因を自らに求めたくないために，教育者に頼ってくる．つまり，「先生の言うとおりにやったのだから，失敗しても自分のせいではない」ということになる．これが，教育者側の責任感(あるいは，統制欲求)と合致すると，まさに，学習者はド・シャームのいう「ポーン」の状態に自らを置くようになってしまう．

こうした問題は，特に受験勉強のような過度の競争事態に置かれると起こりやすい．そこでは，成功・失敗が，本人の学習の成果よりも他者との比較においてなされがちなので，必ず「失敗者」を生むような構造になっている．また，成功・失敗が，席次や合否という形で，非常に明確にされる状況でもある．この問題は，8-3 節 (b)「評価と学習意欲」のところで，あらためて考えてみよう．

(c) 学習と原因帰属

私たちは，テストの点数や，入学試験の合否など，学習の結果が明らかにな

表 2-2 学習の成否の帰属の
2 次元的分類

原因の所在 \ 安定性	安　定	不安定
内　的	能　力	努　力
外　的	課題の難しさ	運

ると,「なぜそうなったのか」という原因について考えるだろう．ものごとの原因について人間がどのように推測するかは,伝統的に**帰属理論**(attribution theory)として社会心理学の中で扱われてきた．その考え方を教育場面に導入して,学習の動機づけについて理論化したのがワイナー(B. Weiner)である．

ワイナーによれば,学習の結果を何らかの原因に帰するときには,2つの次元を考えることができる．1つは,「原因の所在」,すなわち,原因が自分の中にあるか,外にあるかという次元である．もう1つは,「安定性(可変性)」,つまり,その原因が容易に変化しうるものか否かという次元である．すると,この2つの次元の組合せによって4つの区分ができる．表2-2には,それぞれどのような例があるかが示されている(Weiner, et al., 1971).

学習の成否の原因を何に求めるかというのは,認知の問題であるが,これによって,次の学習に向けての意欲が決定されるとするのが,ワイナーの考え方の基本である．図2-3に示すように,原因の所在の次元は喚起される感情に影響し,安定性の次元は再現性の予測に影響を与える．ここから,次にどれくらい学習しようとするかが決まってくるというのである．この中で,よりいっそうの学習意欲が喚起されるのは,内的で不安定な原因である「努力」に帰属された場合である．つまり,成功したにせよ,失敗したにせよ,その原因が努力の量にあるとみなされれば,学習意欲は高まる．

ここから,ドウェック(Dweck, 1975)は,帰属のしかたを変えることによって,学習意欲がどのように変化するかの実験を試みた．8歳から13歳の,学習に対して強い無気力状態になった子どもたちに対して,25日の訓練期間に算数の問題を与える．「成功経験群」ではやさしい問題を多く与えて自信をつけさせる．一方,「努力帰属群」ではやさしい問題と難しい問題を与え,難し

2 動機づけ理論の展開

①テストの成功を能力に帰属した場合

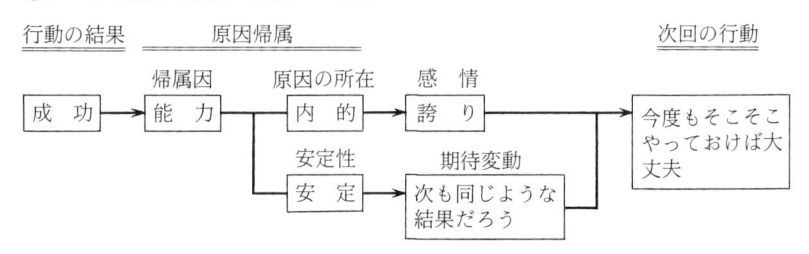

行動の結果 → 原因帰属 → 次回の行動

成功 → 帰属因:能力 → 原因の所在:内的 → 感情:誇り → 今度もそこそこやっておけば大丈夫
　　　　　　　　　　　安定性:安定 → 期待変動:次も同じような結果だろう

②テストの成功を努力に帰属した場合

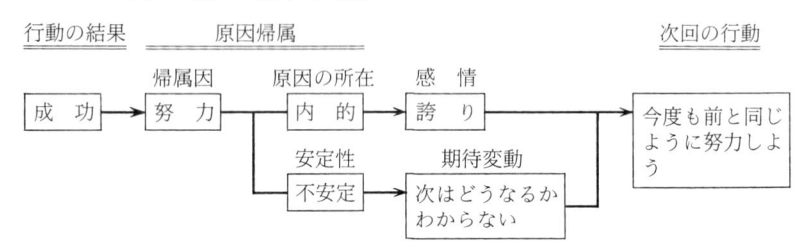

行動の結果 → 原因帰属 → 次回の行動

成功 → 帰属因:努力 → 原因の所在:内的 → 感情:誇り → 今度も前と同じように努力しよう
　　　　　　　　　　　安定性:不安定 → 期待変動:次はどうなるかわからない

③テストの失敗を能力に帰属した場合

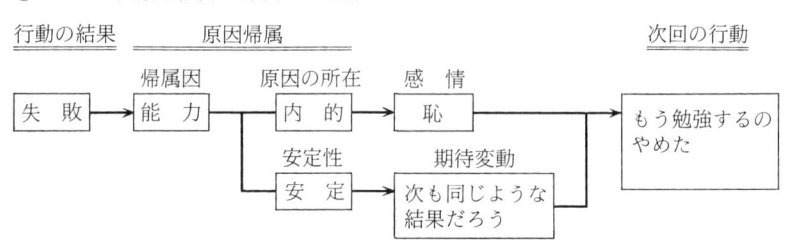

行動の結果 → 原因帰属 → 次回の行動

失敗 → 帰属因:能力 → 原因の所在:内的 → 感情:恥 → もう勉強するのやめた
　　　　　　　　　　　安定性:安定 → 期待変動:次も同じような結果だろう

④テストの失敗を努力に帰属した場合

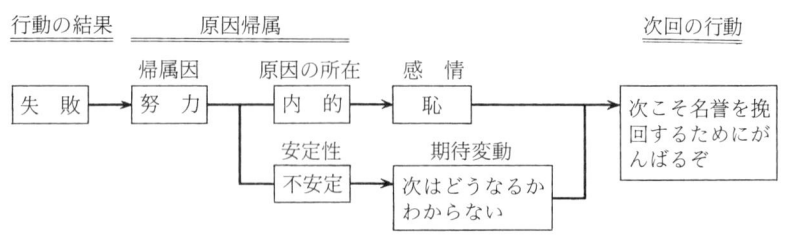

行動の結果 → 原因帰属 → 次回の行動

失敗 → 帰属因:努力 → 原因の所在:内的 → 感情:恥 → 次こそ名誉を挽回するためにがんばるぞ
　　　　　　　　　　　安定性:不安定 → 期待変動:次はどうなるかわからない

図 2-3　原因帰属の影響の過程(鹿毛, 1994 を改変)

い問題でできなくても，それは努力が足りなかったためであることを繰り返し話し，もっとがんばることを促した．訓練期間の後に，失敗に対してどのような対応を見せるかが比較された．すると，成功経験群の子どもたちは，やはり以前と同様，難しい問題で失敗するとその原因を能力に帰属し，すぐにやる気をなくしてしまう．しかし，努力帰属群の子どもたちは，根気よく学習を続け，結果的により良い成績を修めたのである．

　ワイナーの理論とドウェックの再帰属訓練の実験は，学習の成否を努力に帰属させることが，より高い学習意欲を生むことを示している．しかし，一方では，努力を重ねても失敗したときに，より深刻な挫折感を味わい，決定的な能力帰属に陥ってしまうことになる危険性も指摘されている．特に，わが国のように努力を「美徳」とする社会においては，すでに十分，努力の重要性は強調されており，ことさら努力を促すことが適切とは思えない場合もあるだろう．

　ここで，内的で不安定，かつ自分でもコントロールできる要因として，「学習方法」が浮び上がってくる．つまり，学習がうまく進行しないのは，学習のしかたに問題があるのではないかと考え，学習方法を工夫してみるというわけである．学習の成否を学習方法に帰属することに着目した研究は，けっして多くない（奈須，1993）．しかし，6-2節(c)で紹介する「認知カウンセリング」という個別学習指導の中では，学習に対して方略的になることを促している．努力一辺倒の学習を質的に改善しようとする実践的な試みの1つとして，参照していただきたい．

▷ 第2章のまとめ ◁

2-1　学習者から得られた学習動機の回答を分類し，構造化した例として，「学習による賞罰の直接性」と「学習内容の重要性」を2つの次元とする2要因モデルがある．

2-2　それぞれの学習動機に応じた教育方法が考案され，実施されているが，それぞれの方法のもつ効果や問題点について，教師は十分配慮しなければならない．

2-3　動機づけの認知理論では，自分の行動が成功・失敗と随伴しているという認知が学習意欲のみなもとであると考える．

2 動機づけ理論の展開

2-4 学習者が,成功や失敗の原因を何に求めるかが,原因帰属である.内的で不安定(可変的)な要因である努力や学習方法に帰属されれば,学習意欲は高まる.

キーワード

学習動機の2要因モデル　　相関　　相関係数
機能的学習環境　　新しい学力観
動機づけの認知的理論　　学習性無力感　　随伴性の認知
統制感　　統制の所在　　オリジンとポーン　　原因帰属　　再帰属訓練

▷ 演習問題

2-1　実際に,児童・生徒に学習動機の簡単な調査を行なって,自分なりの分類・整理を試み,互いに発表してみよう.2要因モデルは単なる一例なので,これにとらわれず,別の枠組みを設定してみるのがよいだろう.

2-2　教育雑誌などで紹介されている具体的な教育実践について,その背後には,その教師のどのような「動機づけ観」があると思われるか,考えてみよう.

2-3　ここまでの解説を参考に,学習における報酬が学習者にとってどのような意味をもつものかについてさまざまな側面からまとめてみよう.たとえば,賞には物質的な意味での価値,社会評価的な意味での価値,情報的な意味での価値などがあるといわれているが,それらは具体的にどういうことだろうか.

2-4　現在の動機づけ理論は,動機づけの移行(たとえば,外発的に行なっていた行動が,しだいに内面化されて内発的に行なうようになるというような現象)に対してはまだ十分な説明を与えていないと言われる.2要因モデルであげた6つの学習動機の間で,互いに移行するような日常的な例があるかどうかを考えてみよう.また,その移行が生じるには,どのような条件が必要だろうか.

3

学習行動の基礎

教育は，教育者側が教える内容をよく理解しているだけでは成立しない．学習者の状態を知り，学習者に応じた教え方をすることによって，初めて効果的な学習が成立する．そこで，人間の学習がどのように起きるものなのかという基本的なしくみを理解しておくことが，教育者にとって非常に重要になってくる．ここでは，行動主義，認知主義，状況主義の立場から，学習がどのようにとらえられるのかを示そう．

3 学習行動の基礎

心理学における学習研究にはもともと2つの大きな流れがあった．1つは20世紀初頭からの**行動主義的学習理論**(「古典的学習理論」，「行動理論」あるいは単に「学習理論」とも呼ばれる)であり，学習とは「経験による行動の変容」として定義される．本章では，まずこの立場に立った研究を中心に，学習の基礎的なメカニズムについて学ぶ．もう1つは，学習を「知識構造の変化」とみなす認知主義的な理論である．この立場は，コンピュータの発達と呼応して，1950年代後半から**認知心理学**(cognitive psychology)という分野として大きな発展を遂げた．

認知心理学では，人間を一種の情報処理システムとみなすという考え方が基本にあるため，情報科学の用語を使って人間の情報処理のしくみを記述しようとする．近年の教育心理学(とりわけ教授・学習の領域)の大きな特徴は，認知心理学の影響を強く受けて，学習における内的過程をモデル化しようとするようになったことと，人間の日常的な学習を直接とりあげて研究の対象とするようになったことである．したがって，現実の教授・学習場面への直接的な示唆も多く得られると思われる．第4章，第5章では，この立場からの研究をさらに展開する．

さらに，1980年代半ば以降，文化人類学や社会学の影響を受けて台頭しつつある**状況論**(situation theory)と呼ばれる立場にも触れる．特に，「状況的学習」(situated learning)というとき，学習は頭の中で知識が構成されていくことではなく，「文化的実践への参加の過程」としてとらえられる．この考え方では，学習者が学ぶことは，普遍的な知識や技能ではなく，人間や道具を含む社会的環境での振る舞いかたということになるのである．

表3-1は，人間の知的行動を研究するこれら3つの立場を簡潔にまとめたものである．以下は，これらについて説明を加えていくことにしよう．

表 3-1　知的行動を研究する立場

	行動主義	認知主義	状況主義
学習とは	刺激・反応の連合	知識構造の構築	文化的実践への参加
キーワード	条件づけ 反復・強化	表　象 情報処理	正統的周辺参加 (LPP)
特徴的な方法論	統制された実験	情報処理モデル	民族誌的観察・記述
背景となる学問	神経生理学 進化論	情報科学 人工知能	文化人類学 社会学

3-1 行動主義から見た学習

(a) 条件づけ

　行動主義の学習理論では，学習の基本は**条件づけ**(conditioning)であると考える．条件づけにも 2 つのタイプがある．まず**古典的条件づけ**(レスポンデント条件づけ)は，刺激と反応の間に生得的な結びつきがある場合に，その刺激に他の中性刺激を伴わせて提示することを繰り返すと，中性刺激だけでも反応が起きるようになることをさす．パブロフ(I. Pavlov)の有名な「条件反射」の実験を例にとろう．イヌに肉片を与えると唾液が出る．これは生得的な結びつきであり，**無条件反射**という．ここで，イヌに肉片を与えるときにいつもブザーを鳴らすことにする．ブザーの音はもともと中性刺激であり，唾液を流すはたらきはもっていない．ところが，この手続きを繰り返していると，ブザー音を聞いただけでもイヌは唾液を出すようになる．このときの反応を**条件反射**という．つまり，ブザー音と唾液を流す反応との間に，新しい結びつきが成立したのである．

　一方，**道具的条件づけ**(オペラント条件づけ)は，動物が一定の行動をとったときに報酬を与えると，その行動の頻度が高くなる現象をさす．イヌに「おすわり」と言ったときに，すわった姿勢をとれば餌を与えるというように，動物に芸をしこむのはまさにこの方法によっている．実験室では，「ネズミがレバーを押すたびに餌を与えると，頻繁に押すようになる」とか，「迷路で正しい

3 学習行動の基礎

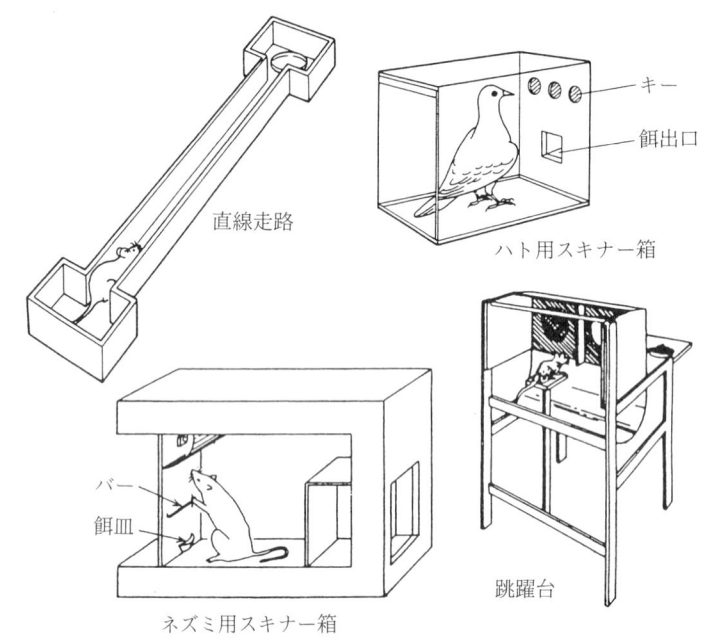

図 3-1 動物の学習に使われるさまざまな装置

道を選んだら餌を与えると，しだいに誤りなく通れるようになる」というような学習を扱う(図 3-1). 動物が試行錯誤的に行なった行動を報酬や罰によって強化するというところから，**試行錯誤学習**と呼ばれることもある．なお，「赤いランプがつくと 5 秒後に電気ショックが来るが，ジャンプして隣の部屋に移動すれば，電気ショックを避けられる」というような状況にして，罰を用いて学習を起こすこともできる．

古典的条件づけの場合には実験者側(日常場面では，環境側)が 2 つの刺激を対にして提示するのに対し，道具的条件づけでは動物が行なった反応に対して報酬(**強化** reinforcement)を伴わせる点が異なる．しかし，ある刺激と反応との間に連合ができるということは共通である．そして，対提示をやめたり，報酬を行動に伴わせることをやめれば，この連合はしだいに弱まっていく．この過程は**消去**と呼ばれる．1-2 節でも述べたように，こうした学習のメカニズ

ムは，系統発生的にかなり低いレベルの動物にも備わっている．そして，人間においても，学習とは**刺激**(stimulus)と**反応**(response)の連合の形成であるというのが，行動理論の基本的な考え方である．そのため，行動理論は**刺激-反応理論**(**S-R理論**)とも呼ばれている．

(b) 般化・分化と転移

行動主義では，経験によって新しい行動が獲得されるとする．しかし，動物を個体ごとに見れば，ごく限られた経験しかしていない．それにもかかわらず，多様な場面で適応的な行動を示すことは，どのように説明したらよいのだろうか．

まず，条件づけの事態では，**般化**(generalization)ということが起きる．パブロフの実験で，訓練時のブザーの音とまったく同じ音でなくても，音色や音の高さがある程度似ていれば，条件反応である唾液分泌は生じる．あるいは，「おすわり」と言ってイヌを訓練したとしよう．厳密に言えば，飼い主の声と他の人の声は刺激として異なるはずであるが，他の人が「おすわり」と言ってもすわってくれる．このように，類似の刺激に対しても条件反応が生じるのが般化である．このはたらきがないと，動物は学習した行動を「応用」することができない．

一方，パブロフの条件反射の実験で，1000ヘルツのブザー音のときには肉片を与え，2000ヘルツのブザー音のときには何も与えないという手続きで訓練するとしよう．すると，1000ヘルツのブザー音では唾液が分泌されるが，2000ヘルツの音に対しては分泌されなくなる．このように，刺激の違いに応じて異なる反応が形成されることが**分化**(differentiation)である．分化は，ムダな行動を抑えるはたらきをもっていると考えることができる．般化と分化によって，動物はより適応的な行動を営めるようになるのである．

ところで，般化は一種の応用的な行動であるとはいえ，同じような学習事態で，刺激が類似しているならば似た反応を示すという程度のことにすぎない．かなり異なる状況でも，ある学習が他の学習に影響を与えることは**転移**

3 学習行動の基礎

3-1

転移と形式陶冶・実質陶冶

19世紀までのヨーロッパの学校教育では,ラテン語やユークリッド幾何学がカリキュラムの中で大きな比重を占めていた.これらは,大人になってから直接的に仕事や生活に役に立つというわけではない.しかし,こうした学習を通じて頭が鍛えられ,思考力や判断力がつくと信じられていたのである.このような考え方を「形式陶冶」と呼ぶ.一方,教育では直接使える知識・技能を教えるべきであるという考え方を「実質陶冶」と呼ぶ(これらは2-1節の「訓練志向」と「実用志向」という学習動機にまさに対応している).

心理学的に見れば,この対立は転移がどれくらい生じるものかということになる.アメリカで,政府からその調査研究を依頼されたのが,行動理論の動物心理学者であるとともに教育心理学者でもあったソーンダイク(E. L. Thorndike)である.彼は,転移が非常に生じにくいものであることを報告し,学校教育のカリキュラムの近代化に大きな影響を与えることとなった.

しかし,第2次大戦後,ブルーナーが提唱した「発見学習」(7-3)のように,形式陶冶の可能性を追求する教育方法論も根強い.実際,学校教育は全体として見れば形式陶冶をベースにしているといえる.学習者にとって意義が直接見えにくいことから,2-2の「機能的学習環境」のような実質陶冶的な考えも出てくるわけである.形式陶冶と実質陶冶は,言葉としては古いが,教育の中では常に新しい問題である.

(transfer)と呼ばれる.卓球の経験がテニスに影響を与えたり,英語の学習がフランス語の学習に影響を与えたりするのは転移の例である(3-1参照).促進的な効果を与えるときには「正の転移」,妨害するときには「負の転移」という.転移は,2つの学習の間に共通する要素がどれくらいあるかで決まると考えられるが,以前の学習に関連させて積極的に転移を促すような学習者の努力や教授者のはたらきかけも重要である.

3-1 行動主義から見た学習

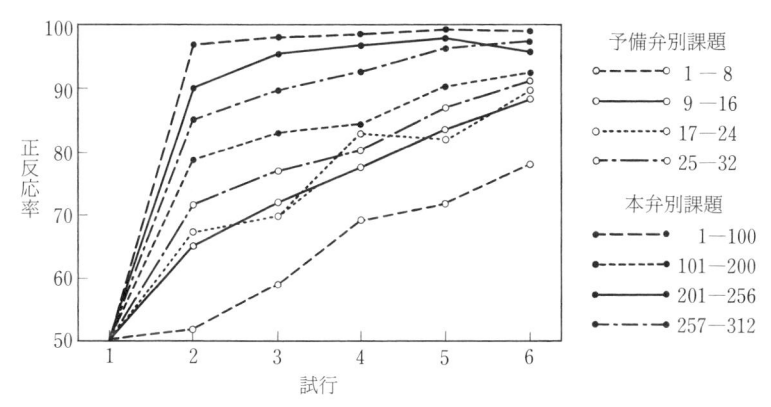

図3-2 学習の構えの実験の結果．色や形の異なる図形刺激を使って，6試行ずつからなる弁別学習を何シリーズも行なっていると，やがては第2試行できわめて高い正答率が得られるようになる(Harlow, 1949)．

転移の一形態として，同じタイプの問題を多く解くことによって，その種の問題の学び方がわかってくる効果を**学習の構え**(learning set)という．ハーロウ(Harlow, 1949)は，チンパンジーを被験体として300課題以上の弁別学習(2つの対象のうち正しい方を選択すると，報酬として餌などがもらえる課題)を続けて与えた．1つの課題はそれぞれ6試行からなっており，はじめのうちは，この6試行の間で正答率が徐々に高まっては次の課題に移るということになる．ところが，このような課題を繰り返すにつれて，チンパンジーは課題の第1試行を試みただけで，とたんに高い正答率を得るようになっていく(図3-2)．これは，「第1試行で正答ならばその対象を選び続け，第1試行で誤答ならばもう一方の対象を選べばよい」という学習の構えができたものと考えることができる．つまり，刺激と反応の単純な結びつきではなく，弁別学習の課題のしくみが理解されたことになる．学習の構えは，試行錯誤学習と洞察学習(3.3節参照)の間に位置するものとされ，系統発生的には，霊長類にならないと困難であるといわれる．

(c) **人間の学習の過程**

行動主義では，刺激と反応の連合が強くなることが学習であると考え，反復

41

3 学習行動の基礎

と強化の役割を重視する．基本的な運動学習から高次の概念的な知識の学習まで，条件づけを基礎に説明される．生体の内部でどのようなメカニズムによって学習が起きるかを理論化するよりは，刺激や報酬の与えかた，練習のスケジュールなどの外的条件によって行動がどのように変化したかという法則性を見出すというアプローチをとる．

　人間の学習に関しても，行動主義的な研究で古くから扱われたのは，比較的単純な反復学習であった．学習の進行の速さは学習方法に大きく依存することがわかっている．たとえば，**集中学習**と**分散学習**による違いがある．ある学習を時間的に連続して行なうのが集中学習で，休みを入れながら行なうのが分散学習である．バスケットボールのフリースローのような運動学習から，九九のような言語材料の暗記学習にいたるまで，学習に費やす時間が一定であるならば，分散学習のほうがはるかに効率が良い．つまり，学習も速く，また，忘却もされにくいのである．ただし，どの程度分散させるのがよいかは課題の性質にもよるし，また，休憩を長く入れることは，それだけ学習期間全体が長くなってしまうことにもなるので，その兼ね合いを考慮する必要がある．

　また，行動主義の学習理論では，反応の正否の**即時フィードバック**を重視する．結果に対する知識のことを一般に **KR** (knowledge of result) という．反復的な運動学習では，自分の行なった行動の適否が即座にわかるほうがよいのは明らかである．バスケットのフリースローの練習であれば，自分の投げたボールが入ったかどうかがすぐにわからなければ効果は低い．知識的な学習についても，正しかったか間違っていたかをすぐに知らせるほうがよいとする（☜3-2 参照）．ただし，KR 情報を与えて学習者の中に構成していく知識は，ややもすれば，手続き的な知識や断片的な事実になってしまうことにも注意しなくてはならない．

プログラム学習とティーチングマシン

　行動理論の発展に中心的な役割を果たしたスキナー(B. F. Skinner)は，動物の学習研究で得られた諸原理を人間の学習にも積極的に生かそうとした．その原理として，「スモールステップ」と「即時フィードバック」がある．つまり，あまり間違いが生じないよう学習事項を細かく分割し，答の正誤をすぐに KR として与えるということである．スキナーは，自分の子どもの授業を見て，学校では子どもにいきなり難しい課題を与えすぎていることを痛感し，こうした方法を考案したと言われる．

　プログラム学習の教材は，実際，テキストやカードの中に小問が並んでいて，学習者が解答してはすぐに正誤を確認できるように工夫されている．さらに，問題と正解の提示を自動化するために，**ティーチングマシン**という簡単な機械も作られた．その後コンピュータが発達すると，学習者の成績によってコースを分岐させることも容易にできるようになり，個人差に応じた学習プログラムが実現化されるようになる．こうしたコンピュータを用いた学習指導は，一般に **CAI**(computer-assisted instruction)と呼ばれるが，かなり多義的な用語であり，必ずしもスキナー流のプログラム学習の原理を用いたものばかりではなく，認知理論に沿ったものもある（◥6-3参照）．

3-2　認知主義から見た学習

(a) 「認知」を重視する考え方

　行動理論では，学習成立の条件として報酬や罰を重視していたが，その後，動物においてすら，報酬や罰は不可欠ではないことを示す実験事実があげられるようになった．たとえば，迷路学習において餌を与えられないネズミは，まったく学習していないかのように迷路の中をただ歩き回っているが，途中で餌を与えられる条件に変わると，はじめから餌を与えられていた条件のネズミの

水準に追いつき,すばやく迷路から脱出できるようになるという現象がある.これは**潜在学習**(latent learning)と呼ばれている(図 3-3).トールマン(E. C. Tolman)によると,はじめのうち餌を与えられなくても,ネズミは迷路の構造に関する地図(認知地図)を内的に構成しているという.また,学習者自身が報酬や罰を受けなくても,他者がある行動をとって報酬や罰を受けるのを見るだけで学習が成立することがある.これは**観察学習**(「模倣学習」,「モデリング」ともいう)として研究されている.

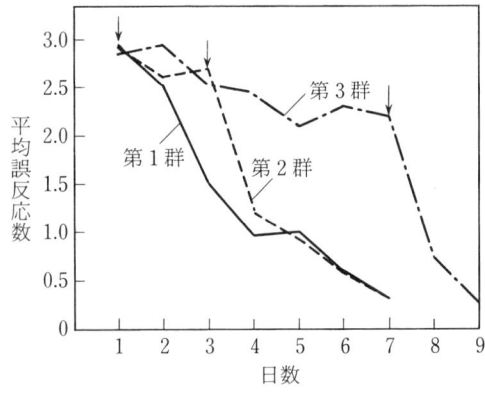

図 3-3 潜在学習の存在を示す実験結果 (Brodgett, 1929).第 1 群のネズミは初日から,第 2 群は 3 日目から,第 3 群は 7 日目から,目標箱にたどりつくと餌を与えられる.はじめ餌を与えられていなかった第 2 群,第 3 群のネズミも,けっして何も学習をしていなかったわけではなく,餌を与えられるようになると,すみやかに迷路から脱出できる.

ケーラー(Kohler, 1924)は,チンパンジーの問題解決に関する研究を通じて,**洞察**(insight)による学習のはたらきを強調した.たとえば,高いところにあるバナナをとるために,チンパンジーは箱をいくつか重ねたり,棒を道具として使ったりすることができる(図 3-4).このような行動は,試行錯誤的にではなく突然生じ,しかも,一度成功すると同様の場面では確実に同じ行動を起こす.彼によれば,学習とは連合の強化による行動の変化ではなく,目的-手段関係を見出し,場面を新たに構造化する過程であるということになる.

こうした考え方は,行動主義の全盛であった 1930 年前後において,動物を対象としつつも,学習が単なる刺激と反応を報酬によって連合させるものでは

図3-4 チンパンジーの洞察学習の実験

ないことを強調した．そして，外に現れた行動よりも，環境に対する認識のしかたを問題にするべきであるということから，一般に認知理論と呼ばれている．この「認知」(cognition)という用語には，「内的な」という意味と，「高次の」という意味あいが含まれている．つまり，生体の内部で起きる認識の変化という高次のプロセスとして学習をとらえるわけである．

同じ頃，発達心理学者のピアジェ(J. Piaget)は，乳幼児の観察をもとに，認知的な理論を展開した．彼は，外界の事物を獲得するための生体内部の枠組みを**シェマ**(schema)と名づけた．たとえば，乳児には「つかむシェマ」という，つかみ方の行動様式が内在しており，これによってさまざまなものをつかむことができる．このように，既存のシェマによってものをとりこむはたらきを**同化**(assimilation)という．一方，これまでのつかみ方でうまくつかめない場合には，つかみ方を変化させなくてはならない．このように，シェマ自体を変化させることを**調節**(accomodation)という．こうして，同化と調節を繰り返してより適応的なシェマを形成していくことが，発達の過程であるとする．知識獲得においても，先行知識の体系がシェマとなって，新たな知識を同化したり，理解困難な内容は知識構造自体を調節してとりこむという過程としてとらえられる．

　認知的な考え方では，人間が，環境の中から自発的に法則を発見し，一般化

3 学習行動の基礎

する傾向を重視する．これは転移をもたらすが，誤りを導くこともある．たとえば，幼児が言語を獲得する際，規則を一般化しすぎることによって，むしろ文法的な誤りが多くなる時期がある（たとえば，eat の過去形を eated と言ったりする）．こうした現象は**過剰一般化**（**過剰規則化**）と呼ばれるが，これは法則を自発的に抽出する能力が発達してきたことを表わしているともいえる．ピアジェらの発達理論では，何が正しい行動かという情報を外的に与えてしまうことは，むしろ主体的な構造化への動機づけや能力を低めてしまうとし，外からただちに直すべきものではないとする．これは，反応の正誤の即時フィードバックや賞罰を重視する学習理論に基づく教育方法と対比される点である．

(b) 認知心理学と初期の記憶モデル

1940年代半ばにコンピュータが発明され，情報や通信の理論が発達すると，それらは心理学にも大きな影響を与えることとなる．それまで主流であった行動主義的学習理論に代わって，人間を一種の情報処理システムとしてとらえ，そのしくみをモデル化していこうとするアプローチが出てくる．認知論は，こうして情報処理の概念や用語をとりいれ，1950年代後半から「認知心理学」という分野となる．

初期の認知心理学の大きなテーマは，人間の記憶システムの構造と記憶の方略であった．もともと記憶は，**記銘**（覚え込むこと），**保持**（覚えていること），**想起**（思い出すこと）の3つの過程に分けて考えられていた．また，想起には**再生**（言葉に出して言ったり，紙に書いたりして再現すること）と，**再認**（自分が経験した内容であるか否かを判断すること）とがある．認知心理学初期の記憶モデルでは，記憶に関するさまざまな実験事実を説明するために，現在意識していることがらを留めておく容量の小さな**短期貯蔵庫**（short-term store）と，過去の膨大な知識を蓄積する**長期貯蔵庫**（long-term store）をまず仮定した（図3-5）．これは，コンピュータでいえば，メモリ（主記憶）と外部記憶装置（フロッピーディスクやハードディスクなど）に対応していると思えばよい．

伝統的な記憶研究では，項目を対にして，一方を見ればもう一方を再生でき

3-2 認知主義から見た学習

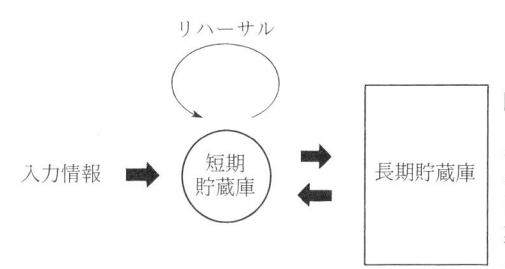

図 3-5 ウォーとノーマン (Waugh & Norman, 1965) の記憶モデル．記憶には心の中でリハーサルしている間だけ情報が保持される短期記憶と，リハーサルをやめても長く保持される長期記憶とがある．初期の記憶モデルは，リハーサルによって短期貯蔵庫から長期貯蔵庫に情報が転送されるとするもので，**貯蔵庫モデル**とか**ボックスモデル**などと呼ばれた．短期記憶は，思考する際に一時的な情報保存の役割を担うことがあるため，**作業記憶**(作動記憶 working memory)と呼ばれることもある．

るようにする**対連合学習**や，一連の項目を順序通りに再生する**系列学習**のような単純な課題が多かった．しかし，こうした課題でも，人間は単に与えられた項目をただ反復するのではなく，類似しているものをまとめて記銘する**体制化**や，項目に操作を加えて異なるラベルをつける**再符号化**というような処理を行なう．行動主義の時代には，こうした方略を用いることは，記憶実験の結果を歪めるものとして歓迎されなかったが，認知心理学では，むしろ研究の対象とされるようになった．

特に 1970 年代に入ると，「心の中で反復(**リハーサル** rehearsal)をすることで短期記憶から長期記憶に移行する」という貯蔵庫モデルの考え方に代わって，**処理水準説**という理論が出てきた(Craik & Lockhart, 1972)．記憶材料に対して，その物理的形態に関する処理は最も浅い処理であり，音韻に関する処理がそれに次ぎ，意味に関わるような処理は最も深い．記銘時にどれだけ深い処理をするかによって，保持の程度が決まるのであって，浅い水準の処理を繰り返しているだけでは効果がないとするのである．

たとえば，次のようないろいろな課題を被験者に解いてもらうとしよう．

(a) 次の単語はカタカナで書かれていますか？

　　(「ミカン」ならハイ，「りんご」ならイイエ)

(b) 次の単語には，バ行の音がありますか．

　　(「どんぶり」ならハイ，「ピアノ」ならイイエ)

3-3 記憶の方略

人間の記憶容量には制限があるが,私たちは日常生活や学校での学習の場面で,記憶するためにさまざまな方略を使って,それを補っている.まず,音素のつながりが単語となり,単語のつながりが句となるように,学習によって大きな単位(**チャンク** chunk)をつくる.これは,言語の習熟の過程で無意図的に行なわれると言ってよい.しかし,

$\sqrt{2}$ = 1.41421356……　　ヒトヨヒトヨニヒトミゴロ

$\sqrt{3}$ = 1.7320508……　　ヒトナミニオゴレヤ

のように,無意味な数字列をごろ合わせによって,意味のある単語や句としてチャンク化するのは意図的な方略である.このように,もとの材料を別の形式に変換することが「再符号化」である.

「体制化」とは,記憶材料を提示された順番どおりに覚えるのではなく,関連の深い項目どうしをまとめて記銘することをいう.同じカテゴリーに属するもの,対をなすものなどをまとめることによって,再生量は飛躍的に高まる.また,言語材料を記憶するときに,それを視覚的に「イメージ化」して覚えるのは,記憶術でも使われてきた方略であるが,認知心理学でもその効果が実験的に確認されている.ペイビオ(Paivio, 1971)の**二重コード説**(dual-coding hypothesis)によれば,我々のもつ知識は,言語とイメージという2種類の符号で表現されており,記銘時に両方の符号化を行なっておけば手がかりが残りやすく,より想起されやすいという.

(c) 次の単語は,この文にあてはまりますか？

　　　ガラスを割ったのは,(　　)でした.

　　　(「こども」ならハイ,「テレビ」ならイイエ)

これは,しだいに処理水準が高くなることを想定してつくられている.そして,これらの一連の課題を行なってから,出現した単語をどれくらいよく覚えていたかの再認テストを行なうと,明らかに(a)のような形態的処理を行なった単語よりも,(b)のような音韻的処理を行なった単語,さらに,(c)のような意

味的処理を行なった単語のほうが成績が良いことが示された(Craik & Tulving, 1975).

一般に学習には，学習者が意図的に覚えようとする**意図的学習**(intentional learning)と，意図なしに行なわれる**偶発学習**(incidental learning)とがあり，意図的学習の方が成績が良いとされているが，内容の意味に関わる課題を記銘時に遂行すれば，偶発学習でも保持がよいことがわかっている．これも処理水準説の裏づけであり，日常的な学習に対しても大きな示唆がある．私たちは，関心をもったことや予備知識の豊富な領域の情報は，意識的に覚えようとしなくてもよく覚えている．それは，無意図的に深い水準の処理を行なっているためと考えられる．

(c) 表象と知識表現

認知心理学でのテーマの中心は，その後しだいに，長期記憶の中にある知識の構造とその表現に向かっていった．認知心理学では，**表象**(representation)という用語がしばしば使われる．これは，もともと視覚的なイメージを表す用語であるが，しだいに視覚以外のイメージについても使われるようになり，さらには，ある対象についての知識という広い意味で使われるようになった(なお，人工知能の分野では「表現」，言語学では「表示」という訳語があてられている)．たとえば，「リンゴの表象」とは，実在のリンゴに代わって，私たちの頭の中にあるリンゴのイメージ，ないしは，それに伴うリンゴについての知識のことと思えばよい．

認知心理学は人工知能研究と密接な関係をもちながら発展してきた分野であり，人間の知的な情報処理をコンピュータのプログラムとして表現するにはどうすればよいかという発想をする．言語を理解したり，学習したり，問題を解いたりするコンピュータを作るには，一般的な知識(たとえば，文法的・辞書的知識や，推論のルール)だけではどうしても無理であることがしだいにわかってきた．人間は膨大な「常識的知識」を柔軟に利用しているため，これをコンピュータに搭載しなくてはならない．この常識的知識とは表象の集合であ

り，またこれが，新しい情報を獲得してその表象を作るときに使われるのである．こうした知識をどのように記述するかというのが**知識表現**(knowledge representation)の問題であるが，これについてはあらためて第4章で詳しく論じる．

認知心理学においては，学習はしばしば「知識獲得」と言い換えられる．つまり，学習者の頭の中にどのような知識が構成されていくのかを，情報処理的に考えてモデル化するという立場をとる．ここで知識というのはかなり広い意味であり，「地球は丸い」「酸素と水素が化合すると水になる」というような事実に関する知識(**宣言的知識** declarative knowledge)ばかりではなく，「2次方程式の解き方」「不定冠詞と定冠詞の使い方」というようなやり方に関する知識(**手続き的知識** procedural knowledge)も含まれる．

認知心理学が提出してきた重要な学習観は，人間の学習とは，けっして白紙にものを書き込むように，教師の与える情報がそのまま蓄積されていくのではないということである．学習者が既有知識を使いながら，どのような過程を経て，どのような表象を作り上げるのかということこそが，教育の中で最も問題にされなくてはならないとする．これは，あたりまえのことのようであるが，行動主義の学習理論や，教材研究を中心とした教授論の中では，しばしば見落とされがちだったのである．つまり，「いかに正しいことを，系統立てて教えるか」ということに注意が注がれ，学問体系や教える側の論理に立って教育が行なわれてしまう傾向があったのである．

主に第4章と第5章で，認知心理学に基づいた学習と教育の理論を紹介するので，ここでは以上のような概観にとどめておこう．

3-3 状況主義から見た学習

(a) 分散認知と状況的認知

人間の頭の中での知識や処理過程をモデル化しようという情報処理的な立場の認知心理学に対して，1980年代半ばごろから「状況論」という考え方が主

張されるようになる．この先駆者となったハッチンス(Hutchins, 1990)は，船の乗組員の航行中の行動を克明に観察し，認知的行動が個々人の頭の中にある目標や計画に沿って行なわれるというより，局所的な行為が全体として組織化されて成立するものであるという考え方を打ち出した．つまり，それぞれの乗組員の行為はきわめて状況依存的で，どのような場合にはどのような行動をすればよいかという単純な役割を担っているにすぎないが，システム全体としては1つの目的的な行為が果たせるようにしくまれているのである．

このように，認知は，人間関係や道具からなるシステム全体にわかちもたれているものとする考え方を**分散認知**(distributed cognition)ということがある．また，認知的行動は個人の頭の中にある目標，計画，知識に基づく営みではなく，状況に応じた行為の集まりであるとして，これを**状況的認知**(situated cognition)と呼ぶ．これは，行動主義と似ているように思えるかもしれないが，単なる賞罰による反応形成ではなく，社会や文化の影響，言葉を換えていえば，人間関係やさまざまな道具を含む自然な環境の中での認知を考えるべきであることを説く．

(b) 状況的学習と正統的周辺参加

認知論が，人間(ないしは動物)の頭の中での情報処理過程，とりわけ，表象，概念，知識というような側面を問題にするのに対し，状況論は，環境との相互作用のありかたから認知的行動をとらえる．そこで，学習というものも，知識体系が頭の中に構成されることとは考えない．つまり，学習者が獲得するものは，環境についての認知的な構造ではなく，環境の中での振る舞いかたであることを強調する．こうした考え方は**状況的学習**(situated learning)と呼ばれる．

特にレイヴとウェンガー(Lave & Wenger, 1991)は，人間がある文化的共同体に実践的に参加し，新参者から古参者へと成長していく過程こそが学習であるとし，このような学習のありかたを**正統的周辺参加**(legitimate peripheral participation, LPP)と名づけた．「正統的」というのは，メンバーとしての

関わりが認められた存在ということであり，そこで新参者ははじめ小さな役割を与えられ，いわば「周辺的に」参加している．しだいにそこでの振る舞いかたを身につけ，古参者や親方として**十全的参加**(full participation)をするようになる．

彼女らが観察したアフリカのヴァイ族の仕立屋の事例では，その過程が細かく描かれている．はじめは，ボタンつけなどの末端の役割を担い，やがて縫い合わせ，裁断など重要な(作業工程からいえば初期の)作業をするようになる．こうした徒弟制の場面では，直接的に「教える」という行為がほとんど存在しないにもかかわらず，作業を通じて学習者は一人前になっていくという．

特に「教える」という行為を経なくとも，実践に参加することによって，そこでの振る舞いかたを身につけて，中心的なメンバーになっていくということは，社会のいたるところで見られる．その最もわかりやすい例は，言語の習得であろう．少なくとも幼児の母国語習得に関しては，会話や観察を通して，「教える–学ぶ」という意図的な行為がほとんどないにもかかわらず，学習が成立している．ここでは，学習者も，どのようなルールや構造を獲得したのかさえ意識されていない．これが，「状況に応じた振る舞いかたを身につける」という状況的学習の原型とも言えるモデルである．

(c) **学校教育とはどのような実践か**

正統的周辺参加という観点からすると，現在の学校教育は批判されるべき要素を多く含んでいることになる．従来も，「学校知」という言葉が学校教育批判のために使われてきた．これは，学校という場面だけに通用する特殊な知識や技能をさしているが，正統的周辺参加論からの批判もそこにつながる．レイブらはさらに，単に，学校での学習が将来の仕事に役に立たないというだけでなく，学校で学習するという「実践」がどのような共同体を成り立たせることになっているかを問題にする．

> たとえば，多くの高校では物理の学習にかなりの時間をかけて取り組んでいる生徒集団があるだろう．この場合，どういう実践共同体が再生産の過程にあると言えるだろうか．ことによると，生徒はその学校自体の再生産に参加しているにすぎないのかもしれない．［中略］実際に再生産している実践共同体(その中で生徒が物理学を学習しているところ)は，物理学者の共同体ではなく，学校化された人々の共同体なのである．
>
> (Lave & Wenger, 1991. 訳書 p. 82 より改変)

彼女らは，学校教育を直接批判することを意図していないというが，その内容はかなり手厳しい．現在の学校教育は，「学校」を存続させるために機能しているのであり，その中での学習は，科学や芸術などの社会的な文化共同体の実践とは切り離されているということになる．教師の努力にもかかわらず，こうした学習は学習者にとって興味深いものにはならないことを指摘する．

> 参加の程度が大きくなるにもかかわらず，その過程が学習の主たる動機づけにならないときがある．それは，しばしば，「教え込み型の教育者」が，新参者を動機づける責任を担っているからである．そういう状況では，教育者の注意の焦点は，実践において協同参加することからもはや離れてしまい，変えられるべき人たち，すなわち新参者に対していかにはたらきかけるかに移行しているのである．
>
> (同訳書 p. 98 より改変)

ここで，「テスト」という学校特有の方法が，学習者を動機づけるために現れることになるという．確かに，一般の社会では，テストなど行なわなくても人々は学習し，評価をそれなりに受けていることが多い．また，学校のテストというのは，自分の頭の中の知識だけを使って，一定の時間内に問題を解くことが要求されるが，現実場面での問題解決は，道具を使ったり，本で調べたり，他者に聞いたりしながら行なわれている．つまり，学力というのは，こうしたリソース(環境中の利用資源)を使うことを含めてとらえられるべきであるとする．このような批判の中から，どのような新しい学校の像が生まれてくるかは，まだ今後の問題として残されているが，その提起している問題は重要である．

▷ 第3章のまとめ ◁

3-1　学習のしくみに関する代表的な立場として，行動主義，認知主義，状況主義をあげることができる．

3-2　行動主義では，どのような状況でどのような反応をするかという刺激と反応の結びつきが，報酬や罰によって強化されるのが学習と考える．スモールステップや即時フィードバックという学習の原理は，プログラム学習などに応用されている．

3-3　認知主義では，知識体系を構成していく過程が学習であるとし，既有知識のあり方や情報処理の方略を重視する．認知心理学は，人工知能の研究と影響しあいながら，学習のしくみをモデル化している．

3-4　状況主義では，学習とは文化的共同体への参加の過程であり，道具や他者との関わりを重視する．この視点からは，社会的な実践から切り離された学校知が厳しく批判されている．

キーワード

行動主義　古典的条件づけ　道具的(オペラント)条件づけ
試行錯誤学習　強化　消去　刺激-反応(S-R)理論
般化　分化　転移　学習の構え
集中学習　分散学習　KR
認知主義　潜在学習　観察学習　洞察
シェマ　同化　調節　過剰一般化
認知心理学　短期貯蔵庫　長期貯蔵庫
体制化　再符号化　リハーサル　処理水準説
意図的学習　偶発学習
表象　知識表現　宣言的知識　手続き的知識
状況主義　分散認知　状況的認知　状況的学習
正統的周辺参加　学校知

▷ 演習問題

3-1 教育の中で，行動主義的学習理論が生かせそうな領域と，認知心理学が生かせそうな領域をあげて整理し，実際にどのような教育方法と結びついているかを調べてみよう（いわゆる教科教育だけでなく，情意的な問題や，運動技能，障害児教育なども視野にいれるとよい）．

3-2 現代社会において学校が担っている役割から見て，状況的学習からの学校批判が妥当かどうか討論してみよう．また，「正統的周辺参加」という考え方から，どのような教育実践や教育環境が生まれそうかを考えてみよう．

4

知識獲得と理解

この章では，私たちがどのように事実や概念を知識として獲得し，記憶しているのかという問題を扱う．効果的な学習のためには，教育者が，学習者の既有知識の構造や情報処理の特性を理解することが必要である．さらに，知識の構造化を促す教育方法として，先行オーガナイザーや概念地図法について見てみよう．

4-1 知識表現と概念

学習者の頭の中にある知識はどのように表現されているのかというのが，**知識表現**（knowledge representation）の問題であることを第3章で述べた．この問題は「コンピュータにどのように知識をもたせるか」という人工知能分野の関心とからみあって考えられてきた．たとえば，文章を記憶して再生するというとき，それを1字1句丸暗記して，コード列として表現し，記憶する方式もあれば，意味内容を表現して記憶しておき，再生時に再び言語化する方式もあるだろう．有能なコンピュータ，もしくは人間の学習者は，明らかに後者の方式をとっている．このように，知識表現の問題は，単に表現形式の問題ではなく，「何が記憶されているのか」という「内容」の問題ともいえるのである．

(a) 命題的ネットワーク

私たちは，授業で話を聞いたり，本を読んだりするが，その細かい言い回しは忘れてしまって，意味だけを記憶していることが多い．情報の意味を表すのに，人工知能や認知心理学では，**命題**（proposition）という基本的な単位を用いる．たとえば，次のような文章があるとしよう．

> イギリスの旧グリニジ天文台を通る経度0度の線を基準として，経度15度ずつの区分ごとに1つの標準時を使うという案が1884年に決められた．そこで日本では東経135度の線が通る兵庫県明石市の時刻を日本標準時と定め，全国でその時刻を用いることにした．世界の標準時も，だいたい経度15度ずつを目安にしているが，国境や便利さなどを考えて，実際には入り組んだ形になっている．　　　　　　　　（小学館「21世紀子ども地図館」p. 104より）

この文章に表されている意味内容の1つ1つを分解して，次のような言明にしたものが命題である．
  (1) 旧グリニジ天文台はイギリスにある．
  (2) 旧グリニジ天文台は経度0度にある．

(3) 標準時は経度0度が基準である.
(4) 標準時は1884年に決められた.
(5) 標準時は経度15度ごとに決められた.
(6) 明石市は兵庫県にある.
(7) 明石市は東経135度である.
(8) 明石市の時刻が日本標準時である.
　　……

　もとの表現形式にかかわらず，その意味内容が同じであれば，命題は同じになる．つまり，受動態が能動態になったり，「である」調が「ですます」調になったり，日本語が英語になったりすれば，言語的(verbal)には変化するが，意味が同じならば命題的(propositional)には同じであるという．また，命題を表すには，上では便宜的に日本語の文を用いたが，一定のルールにのっとっていれば，どのような表現形式でもかまわない．たとえば，
(1)′ (に存在する, 旧グリニジ天文台, イギリス)
(2)′ (に存在する, 旧グリニジ天文台, 経度0度)
(3)′ (を基準とする, 標準時, 経度0度)
　　……

というような**リスト表現**にすることもできる．ここでは，リストの先頭に述語があり，その直後に主体を表す項が置かれている．そして述語の格関係から必要になる語句と，時制などの付加的な情報が続く．

　命題による表現を視覚的に見やすくするためには，**命題的ネットワーク表現**がしばしば用いられる．これは図4-1のように，円や点で表される**ノード**(節点)を矢印のついた**リンク**(結合線)で結んだものである．リンクには，どのような関係でノードが結ばれているのかを示すためにラベルがつけられている．

　同じ対象を表すノードをつないでいけば，全体として膨大な知識のネットワークができあがる．ネットワーク表現は見やすく，コンピュータ言語の形式にすることも容易である．しかも，認知心理学では，こうした表現が，人間の表象として心理的な実在性をもっていると考えている．私たちが連想して想起す

4 知識獲得と理解

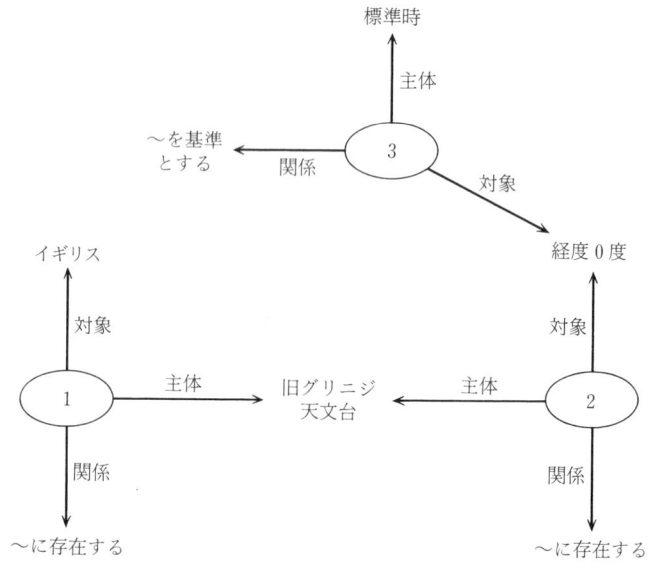

図4-1 命題的ネットワークの例

るときに，ネットワークのリンクをいわば「連想の糸」として検索したり，ノードからノードへと活性化がリンクを伝わって伝播するというモデルは，多くの心理学的事実を説明できることがわかっている．たとえば，記銘時の状況や文脈が想起の手がかりとなって，同じ状況だと思い出しやすくなること(記憶の状況依存性)や，意味的に関連する語(「医者」という目標語に対して「看護婦」など)をあらかじめ提示しておくと，目標語に対する知覚が促進されるというような現象(**プライミング効果** priming effect)がある．

(b) **イメージの命題的表象**

ところで，図式や動画などの情報に対しても，私たちはそれらを見たままで記憶するわけではなく，構造化して解釈したり，意味内容をくみ取ったりする．それらの意味内容はやはり命題で表されるものである．1970年代に，認知心理学では「イメージは命題である」という**イメージ＝命題説**が現れた(Pylyshyn, 1973)．これは，イメージを言語と異なる表象であると考える当時の実

験心理学者からは反駁を受け，**イメージ論争**(imagery debate)という大きな論争を巻き起こした．しかし，しだいにイメージ＝命題説の意味するところが明らかになるにつれて，その考え方もとり入れられていった．

イメージ＝命題説は，イメージという心理的な現象を否定するわけではなく，言語とイメージの処理が異なることを否定するわけでもない．その中心となる主張は，「イメージといえども未処理の絵のようなものが頭の中にまるごと保存されているのではなく，構造化され意味を付与された表象であり，命題として記述されうるものだ」ということである(Anderson, 1980; 宮崎, 1983)．バウアーら(Bower, Karlin & Dueck, 1975)は，図 4-2 のようなあいまいな図形を記憶材料として，何らかの意味的な解釈を与えた場合にいかに記憶が促進されるかを実験的に示している．人間のイメージは，写真やビデオ画像のように，視覚的情報がそのまま貯蔵されたものではない．構造化や意味的解釈を伴うからこそ記憶容量を節約できるし，思考の道具としてイメージを利用することができるのである．

この考え方は，教育場面でも重要な意義がある．たとえば，「1 次関数 $y = ax + b$ のグラフは？」と言われれば，生徒は図 4-3 のような図を書くであろ

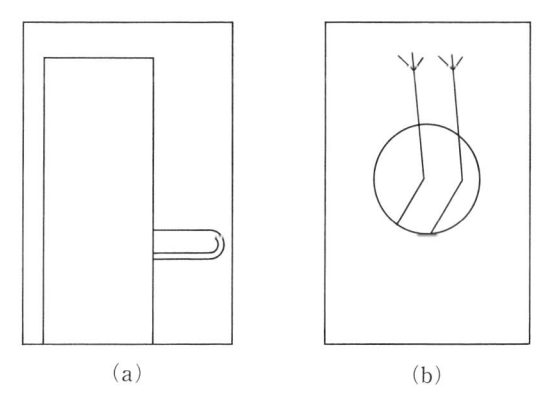

図 4-2 バウアーらの実験で使用されたあいまい図形．
(a)は「電話ボックスの中でトロンボーンを演奏している子ども」，(b)は「つかまえた虫が強すぎた小鳥」．

4 知識獲得と理解

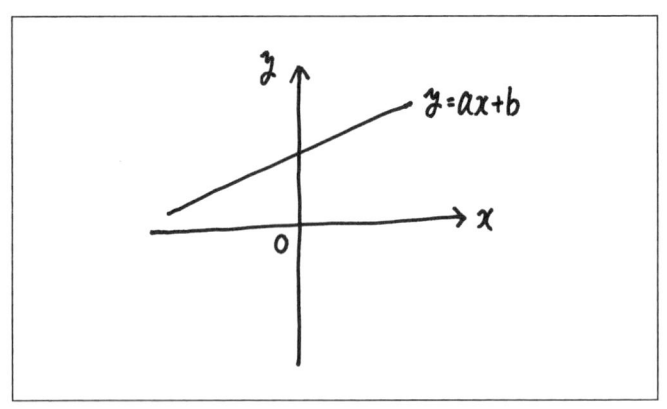

図4-3 1次関数 $y=ax+b$ のグラフとして生徒が書いた図

う.しかし,ここで,「この生徒はよくわかっている」と判断してしまってよいであろうか.よく理解している生徒ならば,次のような命題で表されるような解釈,すなわち図の見方が伴っているはずである.

(1) グラフは直線である(この属性は,変化してはいけない).
(2) 直線は $a>0$ のとき右上がり, $a<0$ のとき右下がり, $a=0$ のとき x 軸に平行になる.
(3) 直線と y 軸の交点は,$(0, b)$ である.
(4) 直線と x 軸との交点は,$(-b/a, 0)$ である.
(5) x 軸方向に1進むと,y の値は a だけ増加する.
　　……

学習者によっては,(4)が明示的になっていなかったり,(5)がわかっていなかったり,というようなことがあるかもしれない.数学の専門家ならば,さらに別の見方もできるだろう.

　解釈の結果としての命題は,しばしば無意識的に生成され,保存され,利用される.しかし,手続き的なスキル(第5章参照)に比べれば,意識化して他者に伝達することはやさしいはずである.図の解釈の例のように,教授者が暗黙的に了解していることを,明示的に学習者に示すような努力が,教授場面では必要とされる.教師側は図を見せれば「一目瞭然」に理解させることができる

と思っているのに，実際には生徒はわからないということが起きるのも，「図の解釈」が共有されていないためである．

　学習指導の場面では，図が何を表しているかの説明を学習者に求めることも必要である．図をどれくらい正確に再生できるかということよりも，図の説明の中にこそ図に対する理解が現れてくるからである．同様に，数式のような他の形式の情報においても，学習者がそれをどのように解釈し，命題的表象をつくりあげるかということが，教授・学習場面では問題にされなくてはならないことになる．たとえば，数式の例として，◢2-1の相関係数の定義式を見て，自分がこれをどのように構造化し，各項を意味づけているか考えてみるとよい．理解がすすむにつれて，その表象が豊かになっていることが感じられるであろう．

(c) 概念的知識とスキーマ

　スキーマ(schema)というのは，心理学の中でかなり広い意味で用いられる用語である．広義には，「既有知識の体系」ということで，「新しいことがらを学習するとき，個々の学習者のスキーマを考慮しなければいけない」などというように使われる．狭義には，人工知能研究や認知心理学の中で，ある対象についての概念的知識(たとえば，「顔とはどのようなものか」)を，その構成部分(目，鼻，口など)や属性(色，形など)といった情報の集合として表現したものをいう．

　特に，ミンスキー(Minsky, 1975)の提案したスキーマの表現方法は，**フレーム**(frame)とも呼ばれている．図4-4は，私たちがもっている「三角形のフレーム」の例であり，三角形に関する知識を表現している．ここでx, y, zというのは，異なる点の入る変数であって，**スロット**(slot)という．具体的に，点A, B, Cから成る図形を三角形とみなすということは，三角形のフレームが活性化され，このスロットにA, B, Cという値が代入されることにあたる．三角形はその構成要素として線分をもっている．線分とは何かは，線分のフレームを参照することになる．一方，シャンクとエーベルソン(Schank &

4 知識獲得と理解

```
[三角形(x y z)
    カテゴリー： 幾何学的対象
    親概念：    多角形
    子概念：    二等辺三角形，鈍角三角形，…
    ……
    要素 1：    (線分 x y)
    要素 2：    (線分 y z)
    要素 3：    (線分 z y)]
                    ↓
                [線分(u v)
                    カテゴリー： 幾何学的対象
                    ……
                    要素 1：    (点 u)
                    要素 2：    (点 v)]
```

図 4-4　三角形のフレーム(安西，1985)

Abelson, 1977)は，病院，レストランなど，ある場面で生じる時系列的な情報をあたかも劇の台本のように表現して，これを**スクリプト**(script)と呼んでいる．図 4-5 はレストランのスクリプトの例である．

　フレームやスクリプトは，いわゆる「常識」という既有知識の表現である．人工知能の領域では，コンピュータに人間らしい知覚，文章理解，翻訳，対話などを行なわせるために，こうした知識をもたせる研究がすすめられた．一方，人間は無意識的にこうした知識を使って，認知活動を行なっている．教授・学習過程とは，白紙の状態の学習者にものを書き込んでいくものではない．4-2 節で見るように，学習者が既有知識を用いて新しい情報を解釈し，とりこんでいく過程である．したがって，同じ教授内容を提示しても，どのように吸収されるかはさまざまであるし，正しい知識を体系的に与えれば学習が成立するとは限らないことに注意する必要がある．

スクリプト名：レストラン
大道具・小道具：テーブル，メニュー，料理，お金，請求書
登場人物：客，ウェイター，コック，レジ係，オーナー
呼び出し条件：客は空腹である，客はお金を持っている
結果：客のお金は減る，オーナーのお金は増える，客は空腹でなくなる

場面1：入場
　客はレストランに入る
　客はテーブルを探す
　客はどこに座るか決める
　客はテーブルのところへ行く
　客は腰掛ける
場面2：注文
　客はメニューを取る
　客はメニューを見る
　客は料理を決める
　客はウェイターを呼ぶ
　ウェイターはテーブルに来る
　客は料理を注文する
　ウェイターはコックのところへ行く

　ウェイターは注文をコックに伝える
　コックは料理を作る
場面3：食事
　コックは料理をウェイターに渡す
　ウェイターは料理を客に運ぶ
　客は料理を食べる
場面4：退場
　ウェイターは請求書を書く
　ウェイターは客のところへ行く
　ウェイターは客に請求書を渡す
　客はレジに行く
　客はレジ係にお金を払う
　客はレストランを去る

図4-5　レストランのスクリプト(Schank & Abelson, 1977)

4-2　知識の獲得と構造化

(a)　文章理解における知識と推論の役割

　新たな情報を獲得するときには，まず文字や画像が何であるかを認知することから始まる．いわゆる**パターン認識**の過程である．このときの処理には，入力情報のもつ特徴を抽出して積み重ねていって認識に至る**ボトムアップ処理**(データ駆動型処理)と，あらかじめ文脈的知識や期待によって分類の範囲を限定して認識する**トップダウン処理**(概念駆動型処理)とがある．これらの処理の区別は，パターン認識に限らず，文章理解などのより大きな単位の情報抽出の際にも使われる．

　トップダウン処理には，スキーマが大きな役割を果たす．文章理解とは，あ

4 知識獲得と理解

4-1

自然概念と人工概念の獲得

　ある対象がどのようなものであるかという知識を一般に**概念**(concept)と呼んでいる．心理学では，概念とは「カテゴリー」のこととして扱われることが多い．1930～50年代に行なわれた研究では，幾何学的図形などを実験材料にして，ある特徴があるかどうかでカテゴリーに属するかどうかを定義しておく．そして，いろいろな事例を手がかりにして被験者がその特徴を発見していくようすが観察される．概念を獲得するとは，定義的特徴が何であるかがわかり，そのカテゴリーに属するか否かの判断ができるようになることであるとされた．

　しかし，日常的な**自然概念**(たとえば，「トリ」とか「野菜」など)は，必要十分な特徴の組合せによって明確に定義できないものが少なくない．たとえば，「野菜」を定義する特徴ははっきりしていないし，個々の事例の判断でも迷うものがある．1970年代にロッシュ(E. Rosch)らは，こうした自然概念の特徴を明らかにしてきた(山下，1989)．一般に，自然概念の獲得は，帰納的な学習を通じて典型(**プロトタイプ**)が形成され，それとの類似度によってその概念に属するかどうかが判断されるものと思われる．子どもにイヌとは何かを教えるときに，定義的な特徴を教えたりはしない．「あれがワンワン」，「これはニャンニャン」と事例を示すだけで，子どもはイヌの概念を獲得していく．

　一方，科学や技術で使われるのは**人工概念**と考えられ，共通の属性を示すことによって明確に定義される概念である．しかも，「向かい合う2組の辺が平行な四角形を平行四辺形という」というように，言語によって一般的定義が与えられることが多い．このように概念の獲得方法が，日常とはかなり異なるため，しばしば科学・技術上の概念は，児童・生徒には理解しにくいものとなる．実際，平行四辺形の定義を聞いただけで，その意味するところを理解し，平行四辺形か否かの判別ができるようになる生徒は少ないであろう．むしろ，事例や例題を与えるなどして，帰納的な側面からの概念形成を促す工夫が，教授場面では必要になってくるのである．

る場合には，タイトルや文章内の手がかりから適切なフレームを呼び出し，さらに文章中から具体的な情報をとりだしてスロットに入れていくことである．またある場合には，スクリプトと提示された文章とから，筋の通った解釈をつくりあげる一種の問題解決である．どちらにしても，スキーマを使って，表象をつくりあげることにほかならない．スキーマをもたなかったり，もっていてもうまく呼び出しができない場合には，ほとんど理解も記憶もできないということになってしまう．

　ブランスフォードらは，このような状況のデモンストレーションとなるような実験をいくつか行なっている．たとえば，次の文章は，その一例である．

> 手順は実に簡単である．まず，いくつかの山にまとめる．もちろん，量によっては一山でもかまわない．設備がその場にないときには，次の段階としてどこか他の場所に行くことになる．そうでなければ，準備はできあがりである．たくさんやりすぎないことが大切である．つまり，一度にあまり多くの量をこなすくらいなら，少な目の量をこなすほうがよい．短期的にみれば，これはさして重要でないように見えるかもしれないが，すぐにやっかいなことになる．ここを間違えると高くついてしまうことがあるのだ．最初は手順全体が複雑に思えるかもしれない．でも，それはすぐに生活の単なる一側面にすぎなくなるだろう．比較的近い将来にこの仕事がなくなるという見通しはない．それは誰にもわからない．手順が完了すると，またいくつかの山にまとめる．それから適切な場所に入れる．やがて，それらはもう一度使われる．このようなサイクルを繰り返さなければならない．でもこれは，生活の一部なのである．
>
> (Bransford & Johnson, 1972)

いきなりこの文章を読んだ人は，わけがわからないような印象をもつに違いない．しかし，これが「洗濯」の話であると言われればどうだろう．あらためて読んでみれば，実によくわかるはずである．彼らの実験でも，洗濯の話であるという教示を与えられた被験者群と，与えられない被験者群との間には，文章の難易度の評定値にも，内容に関する再生テストの成績にも，著しい差があった．私たちの文章理解は，けっして単語と文法さえ知っていればできるものではなく，「何の話か」という仮説を立て，それに関する既有知識を使いながら，内容のつながりを推論しつつ進行していくのである．

同様に，英文解釈においても推論のはたらきは重要である．◥4-2は，高校3年生の女子が，個別指導を受けたときの記録である．例題の英文は確かにむずかしい．しかし，英文の場合には単語や構文のむずかしさだけに原因を帰してしまいがちであることに，注意しなければならない．単語の意味や構文のとりかたをすべて教えてもらったとしても，この英文にはむずかしさが残るだろう．文章理解の過程とは，トップダウン的な仮説を立てて意味のとおる解釈を作り上げるという，一種の問題解決であると言われる所以である．(筆者の知人で，この英文がわかった人は，作者の名前がヒントになったと言っていた．サマーセット・モームがどのような作風かという知識によるトップダウン処理が，うまくはたらいた好例である．)

(b) 記憶と理解——必然的な関連づけの成立

理解するとは，学習事項の関連をつかみ，知識を構造化することといえる．これまでにも見てきたように，学習するときには，私たちは既有の知識を用いながら，提示された断片的な知識をつなぎあわせようとする．

ブランスフォードらの行なった実験(Bransford & Stein, 1984)は，2つのことがらを必然性をもったものとして関連づけると，飛躍的に記憶が向上することを示している．

(1) 眠い男が水差しをもっていた．
(2) 太った男が錠前を買った．
　　……

というような文をたくさん提示する．いずれも，どのような男が何をしたかを表しているのだが，文が多くなるとふつうはとても記憶しきれなくなる．ところが，

(1)′ 眠い男がコーヒーを入れようと水差しをもっていた．
(2)′ 太った男が冷蔵庫に扉にかけるための錠前を買った．
　　……

のように，行為の理由をつけるといとも簡単に覚えられる．もちろん，これが

4-2 英文解釈の個別指導の記録から

問題

(1) I was never stage-struck. (2) I have known dramatists who wandered in every night to the theatre in which their play was being acted. (3) They said they did it in order to see that the cast was not getting slack. (4) I suspect it was because they could never hear their own words spoken often enough.

(W. Somerset Maugham)

学習者の和訳

(1) 私は芝居狂ではけっしてない．
(2) 私は彼らの上演されている劇に毎晩さまよっている劇作家を知っている．
(3) 彼らはそれを見るためにそれをしたと言い，役者がだらだらとなっていかない．
(4) 私は，それは彼らが彼ら自身の話された言葉をしばしば十分に決して聞くことができないからだと疑う．

問題点・指導

(a) 「彼ら」とはだれのことか明確にさせる．
(b) "wander" の再検討
(c) "to see that" の誤訳
(d) "see" の再検討
(e) 「それ」とは何か
(f) 話法が理解できていない
(g) 「彼ら」とはだれか
(h) 「彼ら自身の話された言葉」とは．
(i) 構文が把握されてない
(j) "suspect" の再検討

　学習者は「まったく内容がわからないが訳はできた」と言っている．英文を日本語にただ置き換えただけで訳ができたと思ってしまっているが，内容がわからなくては訳ができたことにはならない．（中略）
　学習者は，「何度見にいってもわからない劇を毎晩見にいく劇作家の話」と要約した．これは苦しまぎれに要約したらしく，最初は，「劇を見て回る幽霊の話かと思った」と言っていた．　　　　（一坊寺，1990）

> ［上記の英文の訳は次のようである——私は芝居狂ではなかった．しかし，自分の作った劇が上演される劇場に，毎晩のようにふらふらと立ち寄る劇作家たちを私は知っている．役者たちがだらけないように見ているのだと，彼らは言っていた．私の推測では，彼らは自分の書いたセリフが話されるのを，何べん聞いても飽きることがないからだろう．］

「理由」となるためには，「コーヒーが眠気をさますこと」，「冷蔵庫には食べ物が入っていること」などの知識がさらに補っていることはいうまでもない．大切なことは，命題Aからごく当然のこととして命題Bが導き出されるという連鎖ができれば，それぞれをばらばらに覚えるよりも，記憶の負担が著しく減るということである．

西林(1994)は，ブランスフォードらの使った例を用いて，理解したときの知識を3層構造によって説明している．その例とは，アメリカの小学4年の教科書にある，アメリカ・インディアンの住居についての解説である．教科書の記述によると，

(1) 北西海岸のインディアン……スギの板材でできた斜め屋根の家
(2) カリフォルニアのインディアン……日干しレンガの家
(3) 平原のインディアン……ティーピー(テントの一種)

であるという．しかし，これを丸暗記しようとしても，すぐに忘れてしまう．そこで，次のようにその理由を考えてみる．

(1)′ アメリカの北西海岸は降水量が多い(たとえば，シアトル)．だから，植物としては，板材になるような大きな木が育つ(たとえば，スギ)．これが家の材料としてスギを使った理由だろう．また，屋根の傾斜が大きいのは，冬には寒くなるので，雪が積もりにくくするためではないか．

(2)′ カリフォルニアは降水量が少ない．雨が降らなければ大きな木ははえにくい．しかし，日差しが強く乾燥しているので，粘土から日干しレンガを作るのには適している．それが，家の材料として日干しレンガが使われる理由だろう．

4-2 知識の獲得と構造化

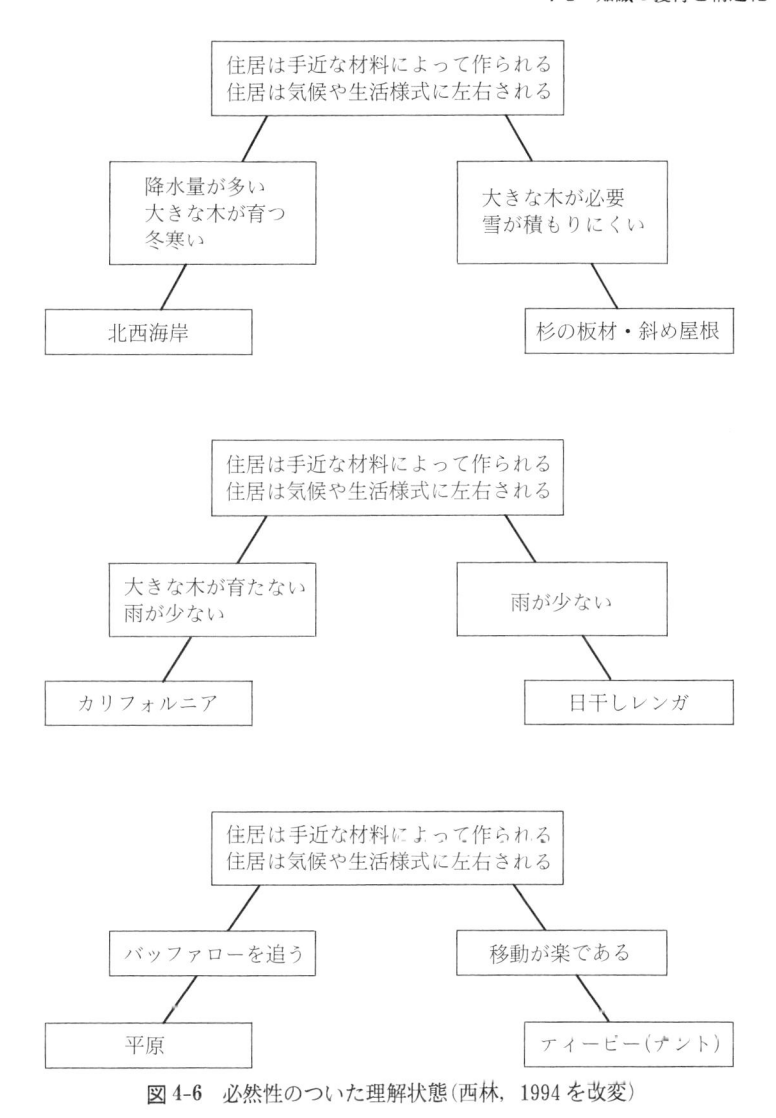

```
     住居は手近な材料によって作られる
     住居は気候や生活様式に左右される
       /                    \
  降水量が多い              大きな木が必要
  大きな木が育つ            雪が積もりにくい
  冬寒い
     |                         |
   北西海岸              杉の板材・斜め屋根


     住居は手近な材料によって作られる
     住居は気候や生活様式に左右される
       /                    \
  大きな木が育たない         雨が少ない
  雨が少ない
     |                         |
  カリフォルニア            日干しレンガ


     住居は手近な材料によって作られる
     住居は気候や生活様式に左右される
       /                    \
  バッファローを追う        移動が楽である
     |                         |
    平原                  ティーピー(テント)
```

図4-6 必然性のついた理解状態(西林,1994を改変)

(3)′ 平原のインディアンは,バッファローを追う生活をしていた.それが,移動性の高いテント式の家にした理由ではないか.

ここに含まれる知識を図示したのが図4-6である.いちばん下のレベルには,

教科書に記述されている「個別的知識」があるが，これだけでは必然性をもって結びついていない．最上段には，さまざまな対象にあてはまる「法則的知識」がある．中間層は「接続的知識」であり，法則的知識と個別的知識を結ぶはたらきをする．

(c) 知識の構造化と先行オーガナイザー

　知識を構造化するとは，概念や命題の間の関係を明らかにして整理することである．関係は，必然的な因果関係ばかりとは限らない．階層関係，類似関係，対比関係などいろいろなものがありうる．こうした関係を教授者から与えられる，あるいは，学習者自身が見出すことによって，記憶の負担は減り，想起も容易になる．

　記憶実験で，記銘する単語のリストの中に，同じカテゴリーに属する単語（「ライオン，ウシ，イヌ」，「オムレツ，シチュー，カレー」など）を入れておくと，それらはたとえリスト中では離れたところにあっても，まとめて再生されるようになるという現象（**カテゴリー群化**）がある．また，たとえ実験者が意図的にそのような単語群を入れておかなくても，それぞれの被験者に何回も再生させると，再生順序がしだいに固定してくる傾向がある．これは，被験者が自分なりに項目どうしに連関をもたせて記憶していることから，**主観的体制化**と呼ばれる．このように，有意味な材料に対しては，私たちは単純な反復ではなく，できるだけ構造化して学習しようという自発的な傾向をもっている．

　しかし，学習することがらが複雑になり，構造が見えにくくなってくると，学習者自らが構造化することは容易ではなくなる．そこで，教授者が構造化して提示したり，学習者の構造化を助ける手立てが必要になってくるわけである．バウアーら（Bower et al., 1969）は，被験者に鉱物の名前を記憶させる実験で，ランダムな順序で名前だけを提示した場合に比べて，図 4-7 のような階層構造を示した場合は，はるかに再生成績がよくなることを示している．

　一方，オースベル（Ausubel, 1960）は，単語のリストを記銘する前に，それらの単語の関連を抽象的に記述した文章を読ませておくと，記憶成績が促進さ

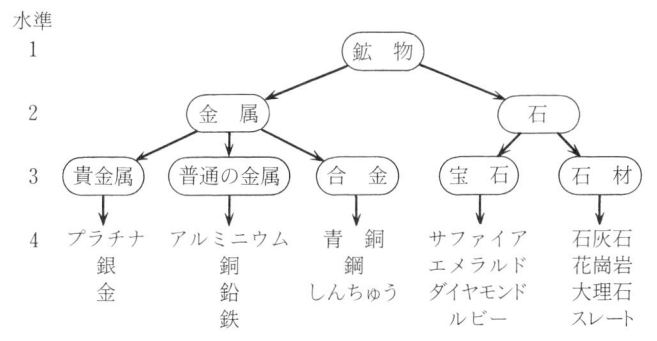

```
水準
 1                    鉱 物
                     ╱     ╲
 2              金 属         石
              ╱  │  ╲       ╱  ╲
 3       貴金属 普通の金属 合金  宝石   石材

 4      プラチナ アルミニウム 青 銅  サファイア  石灰石
         銀      銅       鋼    エメラルド  花崗岩
         金      鉛    しんちゅう ダイヤモンド 大理石
                鉄              ルビー    スレート
```

図 4-7　鉱物の階層構造 (Bower *et al.*, 1969)

れることを示した．あらかじめ提示する文章は**先行オーガナイザー** (advance organizer) と呼ばれ，後続する情報を体制化してとりこむための枠組みとなる．教科書や講義で，はじめに内容の概略を述べたりするのも，先行オーガナイザーとしてのはたらきをもっていることになる．

(d)　概念地図法による知識の構造化

　私たちが獲得するさまざまな知識を，認知心理学ではネットワークとして表現することを見てきた．**概念地図法** (concept mapping) は，こうしたネットワークを学習者自身が外的に構成しようとする過程を通じて，概念間の関係を深く理解することをめざす学習指導法である．これはノヴァック (J. D. Novak) によって提唱されたもので，知識の構造化を重視するオースベルの流れをくんでいる (Novak & Gowin, 1984)．概念地図法による学習では，学習者は概念を表わすノードを，ラベルのついたリンクでつないでいく．図 4-8 はその例である．

　概念地図は，こうした表現を作成する過程において，学習内容の構造を見出そうとする動機づけを学習者にもたらす点で重要である．また，より大きな単位のネットワークを作ることで，学習単元全体の構造を把握し，現在の学習事項の位置づけを明確にするというような効果も期待される．研究者や教師は，学習者の現在の知識状態を把握するための研究法や診断技法として概念地図法

4 知識獲得と理解

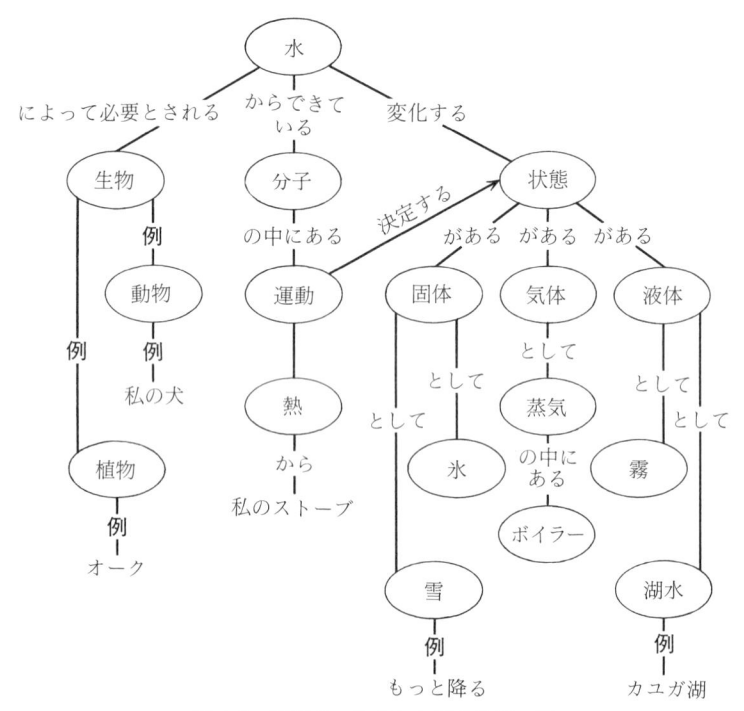

図 4-8 学習者の作成した概念地図の例

を用いることもある．

　佐藤 (1987) は，**ISM** (interpretative structural modeling) という手法の中で，学習者に先行オーガナイザーとして「学習構造チャート」を与えたり，学習者自身が単元が終わるごとに学習構造チャートを作成して，自らの概念構造をはっきりさせることを促している．学習構造チャートは一種の概念地図であるが，学習項目の順序性，系列性に重点が置かれている．また，この手法では，手作業で作った構造チャートから，見やすい構造チャートを作成するコンピュータプログラムが含まれている (図 4-9 参照)．教科書，ノート，グループ討論などを通じて描いた構造チャートが，コンピュータによって見やすくなることから，学習項目間の関連づけをさらに検討して改善していこうという意欲にもつながるという．

まとめと演習問題

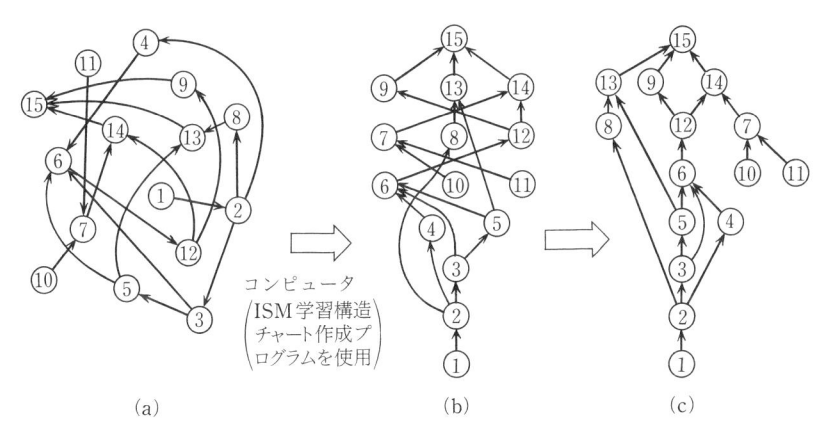

図 4-9 ISM 学習構造チャート作成プログラムによる見やすい構造チャート作成(佐藤，1987)
(a) 見づらい構造チャート．結線の方向があちこち向いていて複雑で体系的に読み取りにくい
(b) 見やすい構造チャート．要素間の結線の矢印の方向がすべて上を向いている．しかし，まだ結線の交叉が多い
(c) さらに見やすい構造チャート．CS 要素配置法を適用して要素が系統的に配置され，(b)よりもさらに読み取りやすい

▷ 第 4 章のまとめ ◁

4-1 私たちは文章や会話からその事実内容を抽出している．それを表現したのが命題である．命題は，自然言語，リスト表現，命題的ネットワーク表現などの形式で表される．

4-2 イメージ情報にしても，写真やビデオ画像とは異なり，人間は像を丸暗記するのではなく，構造化され意味を付与された表象をもっている．どのような解釈を伴っているかが，図を媒介にした教授・学習では決定的に重要である．

4-3 概念的な知識体系を認知心理学ではスキーマという．フレームやスクリプトのような表現形式が考案されている．

4-4 文章理解は，スキーマを使って推論しながら筋の通る解釈をつくりあげていくトップダウン的な過程である．

4-5 理解とは，学習事項の関連をつかみ，知識を構造化することである．先行オーガ

4 知識獲得と理解

ナイザーは理解の枠組みをあらかじめ与えるために用いられる．概念地図法は，学習者自身が関連づけを行う学習指導法である．

キーワード

知識表現　　命題　　リスト表現　　命題的ネットワーク
イメージ＝命題説　　イメージ論争
概念　　スキーマ　　フレーム　　スロット　　スクリプト
ボトムアップ処理　　トップダウン処理
知識の構造化　　カテゴリー群化　　主観的体制化
先行オーガナイザー　　概念地図法　　ISM 構造化法

▷ 演習問題

4-1　いわゆる「暗記科目」といわれている教科でも，丸暗記ではなく，さまざまな関連づけの方略をとっているはずである．自分の中学・高校時代の学習の中から，そのような例をあげてみよう．また，友人と互いに出し合ってみよう．

4-2　大人が読むような文章(新聞，雑誌など)を子どもに読ませてみて，どういうところがわからないのかを診断的に見てみよう(単語のむずかしさ，構文のむずかしさ，常識的な知識の不足などの側面から見てみるのが 1 つの方法である)．また，そのとき，子どもはどのように推論をはたらかせるかを観察してみよう．

4-3　英語の文章から，単語をいくつか抜いてしまったものを被験者に見せ，「そこにはどのような意味の単語がはいるか」「全体としては，どのような意味か」を推論する過程を分析してみよう(思考の過程を言葉でできるだけ話してもらうとよいだろう)．また，こうした推測が優れている被験者に，ふだん英語や国語でどのような学習をしているかを聞いてみよう．

5

スキルの獲得と問題解決

学習には，事実を記憶することや概念を理解することと並んで，スキル（技能）を獲得するという側面がある．言語の習得や問題解決なども，広い意味でのスキルの獲得である．ここではスキルの認知過程について考え，さらに，知識体系の中に温存されている誤概念や誤ルールの性質についても触れる．

5 スキルの獲得と問題解決

5-1 手続き的知識とその学習

認知心理学では，事実や概念に関する知識を**宣言的知識**(declarative knowledge)と呼ぶのに対して，「駅までの行き方」，「コンピュータの起動のしかた」というような，やり方に関する知識を**手続き的知識**(procedural knowledge)と呼んでいる．スポーツ，自動車の運転，タイプライターの習得のような知覚運動学習から，数学や理科における問題解決の学習まで，スキル(技能，わざ)と言われるものは，手続き的知識の獲得と考えることができる．日常的には，「知識」というと事実に関する知識をさすことが多いので，この用法には注意する必要がある．本書の第4章でも，「知識」を宣言的知識のこととして用いてきた．

学校教育では，「わかること」と「できること」がしばしば対比される．この区分も，おおまかには宣言的知識と手続き的知識に対応していると考えてよいだろう(ただし，相互に関連づけずに丸暗記した宣言的知識の集積では，「わかっている」とはいわないことは第4章で述べたとおりである)．「わかるだけではだめで，できなくてはいけない」と言われることもあれば，「できるだけではだめで，わからなくてはいけない」と言われることもある．認知心理学的な概念をもとに，わかることとできることの関係についても，この章であらためて考えてみよう．

(a) プロダクションシステム

手続き的知識を表現するのに，人工知能や認知心理学の中で発展してきた手法が**プロダクションシステム**(production system)である．これは，「もし～ならば…せよ」というように条件部と実行部を組合せたルール(「プロダクションルール」あるいは，単に「プロダクション」と呼ぶ)の集合とその制御部からなっている．プロダクションルールは，行動理論でいう「刺激-反応」の連合に似ている．しかし，条件部は，必ずしも外から物理的に与えられた刺激で

はないし，実行部は観察可能な行動とは限らない．人間という知的なシステムにおける，内的な情報の操作をも含むものである．

簡単な例として，三角形か否かを判定するプロダクションルールをあげると，次のようになる．

　　　IF　図形が3本の直線から成り
　　　　　and
　　　　　図形が閉じている　ならば
　　　THEN　その図形を「三角形」と判定せよ

これが，三角形の定義を「知っている」とか「言える」ということとは異なることに注意する必要がある．手続き的知識は，しばしば無意識的であり，暗黙的に利用されているルールなのである．たとえば，言語の使用を考えてみるとよい．私たちは無意識のうちに複雑な言語を使いこなしているが，そこで使われるルールはほとんど意識されることがない．一方，学校で外国語を学ぶとき，ルールは文法として教えられ，意識化されていても，流暢に話すことはできないという経験があるだろう（☜ *5-1*）．

もう1つ注意すべき点は，上にあげた三角形かどうかを判断するプロダクションルールは，必ずしも数学的に完全ではないということである．たとえば，図 5-1(a)のような図形は，このルールでは三角形になってしまうが，数学では，少なくともこの図形全体を三角形とは呼ばない．あるいは，別のプロダクションルールをもった子どもは，図 5-1(b)や(c)のような図形を三角形と判断

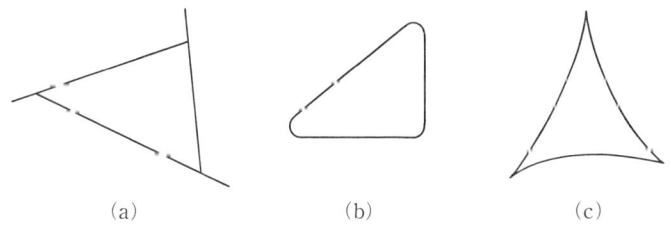

図 5-1　数学的に完全ではないプロダクションルールによって，三角形と判定されてしまう図形の例．(a)辺が頂点からとび出している．(b)角が丸くなっている．(c)辺が曲線になっている

5 スキルの獲得と問題解決

5-1

ACT* とニューラルネットワーク

　私たちが手続き的なスキルを学習するときには，2つのやり方がある．1つは言葉で教えられて，「頭でわかっている」状態から「体で覚える」という状態になっていくというやり方である．もう1つは，自ら試行錯誤によって体得していくというやり方である．これらに対応して，認知心理学でもまったく異なる2種類のモデルがある．

　アンダーソン(Anderson, 1983)の ACT*(アクトスター)(adaptive control of thought)という認知モデル(本シリーズ『認知心理学』参照)では，コンピュータの操作や自動車の運転などにおいて，講習で習ったばかりのときの状態を「宣言的段階」という．この段階では，記憶している宣言的知識をいちいち呼び出して動作を起こすのでぎこちない．しかし，ある程度慣れてくると，意識的に知識を想起しなくても自動的にできるようになる．ここでは，宣言的知識から手続き的知識への知識のコンパイルが起きているとする(「コンパイル」とは，人間にわかりやすい形式で書かれたコンピュータ言語を，コンピュータが直接実行可能な機械語に翻訳することで，それを比喩にしている)．そして，さらに習熟することにより，より正確で効率的な手続きとなり，「手続き的段階」に至るとする．

　一方，言葉で教えることが困難なスキル，もしくは，だれにも教えてもらえないような状況では，自分でいろいろな試みをして，成功や失敗を積み上げながら学習していかざるを得ない．これに対応するモデルとしては，近年注目されている**ニューラルネットワーク**(あるいは，コネクショニスト・モデル，並列分散処理モデルなどとも呼ばれる)があげられる．これは，神経回路のように興奮性と抑制性の結合によって多層化されたネットワークで，成功・失敗に応じて，結合の強度を徐々に変化させて学習が生じる．概念形成やスキーマの獲得のような学習にも積極的に応用されている(Rumelhart & McClelland, 1986；麻生，1988)．

　それぞれのモデルの基礎には，知識を明示的に表現したり伝達したりできるものかどうかという考え方の違いがある．実際，スポーツでのスキル，楽器演奏でのスキル，上手な作文の書き方，数学での問題解決技能など，

> さまざまな領域で，明示的に教えていこうとする立場と，本人が体得するしかないという立場の対立が，教育界にも存在しており，興味深いところである．また，どちらの教育方針をとるにせよ，習熟化された手続き的知識が，概念的には理解されていないことがしばしば見られる．トラブルに対処したり，応用をはかるには，「なぜそのような手続きをするのか」に対する概念的説明も折にふれて与えていくことが望ましい．

してしまうかもしれない．以下では，こうした誤った知識に関する研究を具体的に紹介していく．

(b) 誤ルールと素朴理論

限られた経験から過度の一般化をしてしまったり，複数の条件を考慮することが困難なことから，誤ったルールが形成されてしまうことがある．これらは**誤ルール**とか，コンピュータプログラムの誤りにたとえて**バグ**(bug)と呼ばれることがある．教育場面で典型的なのは，計算における手続き的バグである．たとえば，小学校の低学年では，計算での組織的な誤りが生じる（図5-2）．学習者の誤答がどのような誤ルールに基づくものであり，それをどのように直していくか（あるいは，学習者自らが発見して修正できるように課題状況をうまく設定するか）は，教師の重要な役割となる．

誤ルールはカテゴリー概念においても現れる．日常場面で概念が形成される

```
   4 2 6          4 2 6          4 0 6          4 2 6
 - 1 5 8        - 1 5 8        - 1 5 8        - 1 5 8
 ─────          ─────          ─────          ─────
   3 3 2 B1       3 7 8 B2       2 5 8 B3       1 6 8 B4
```

図 5-2 引き算における手続き的バグの例（吉田，1992）．B1は，大きい数から小さい数を引いている．B2は，繰り下がったことを忘れて計算してしまっている．B3は，100を十の位に90，一の位に10繰り下げるべきところを，一の位にだけ繰り下げている．B4は，2回連続して繰り下がるとき，その上位の数（ここでは百の位）から2を借りてくる誤り．吉田（1991）によれば，小学1年生にはB1が多く，B3やB4は小学3年生くらいで出現するタイプであるという．

とき，抽象的な定義を通してよりも，いくつかの事例を通して帰納的に概念をつくりあげることのほうが多いことを第4章で見てきた（■*4-1*参照）．学校教育で習う理科や数学の概念も，教科書や辞書にある定義だけではなく，事例を与えられることによって，定義の意味するところがわかることが少なくない．このように，概念の学習は基本的に，事例を通して一般的なルールを形成するという帰納のメカニズムによって支えられていると考えられる．

　ところで，帰納によって概念を形成する際には，事例のもつ属性を利用する．たとえ，ある属性がその概念にとって本質的でなくても，それがその概念に関連するように思われてしまうのである．たとえば，三角形を学ぶときに鋭角三角形ばかりを見せられてきた子どもは，鈍角三角形を見ると迷ってしまう．底辺が水平の台形ばかりを見せられてきた子どもは，底辺が斜めになった台形を見ると迷ってしまう，といった具合である．物理現象や社会現象に関しても，一般の学習者が**誤概念**(misconception)または**素朴概念**(naive concept)という，誤った思い込みをもっていることが多く指摘されている．

　私たちのもつ誤ルールや素朴概念といったものは，学校での教科学習の過程で形成されるとは限らない．むしろ，生まれてからの日常的な経験を通して作られるものが非常に多いと考えられる．そして，それらは単なる経験の寄せ集めではなく，経験的事実をある程度統一的に説明できるような理論体系をなしていることがある．このように，一般の人々がよりどころにしている説明理論を**素朴理論**(naive theory)という．4-2節でも強調したように，人間は情報を個々ばらばらに蓄積するよりは，相互に関連づけて体系的に理解しようとする傾向をもっているのである．

　物理を例にとれば，力と運動，熱，電流などについて，子どもたちが根強くもっている素朴理論があり，総称して**素朴物理学**(naive physics)と呼ばれる．たとえば，走っている人や飛んでいる飛行機から落とした物体が，地上で静止している人から眺めたときにも垂直に落ちると考えたり，図5-3(a)のような曲がったホースから飛び出た物体の軌跡が，実際は直線になるにもかかわらず，同図(c)のような渦巻き状になると考えてしまったりする．

5-1 手続き的知識とその学習

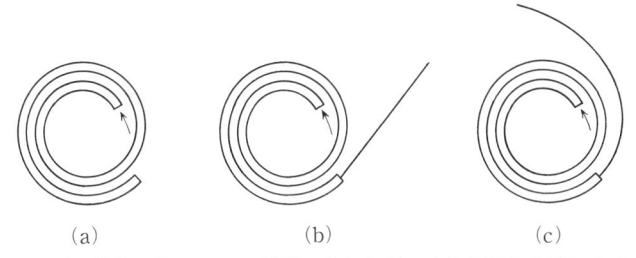

(a)　　　　　　(b)　　　　　　(c)

図 5-3　曲がったホースの問題．小さなボールを内側から勢いよく入れて出てきたときに，どのようになるだろうか．

　カイザーら(Kaiser, McClosky & Proffitt, 1986)は，幼児から大学生までの被験者を対象に，上述のホースの問題に対してどのように予測するかを調べている(図5-4)．興味深いのは，就学前の幼児には，むしろ直線軌道になるという予測が少なからず見られることである．それは，似たような状況の観察からそう答えるのかもしれないし，直線がもっとも単純な答だからかもしれない．ところが，年長児になるにつれ，曲線軌道を予測することが圧倒的に多くなり，正答率が一時的に減少する．これは，もちろんそのような場面を観察したから生じたわけではない．むしろ，経験から抽出した何らかのルールを過度に一般化してしまうために生じるものと見ることができる．素朴理論は，一定の範囲ではそれなりにいろいろな事象を理解できる説明となっており，子どもが世界を構造的に認識するようになった現れともいえるのである．

　素朴物理学は，ニュートン力学以前の力学，すなわちアリストテレスの力学や，中世の力学に近い性質をもっていると言われている．たとえば，運動している物体は，その運動(直線運動とか円運動)を続けさせるような「運動力」(imputus)を中に蓄えており，外からの力が加わらなくなると運動力を放出してしだいに静止すると考えていたりする．学校で物理を習う年齢になると，再び直線軌道という正しい予測が増加するが，図5-4から明らかなように，学校で習ったはずのニュートン力学の原理に沿って考えない大学生もかなり多い．素朴理論は，直観に合致した信念となって根強く残りやすい．このような場合，現象や理論を正しく教えるだけではなく，素朴理論ではどのような点が問題に

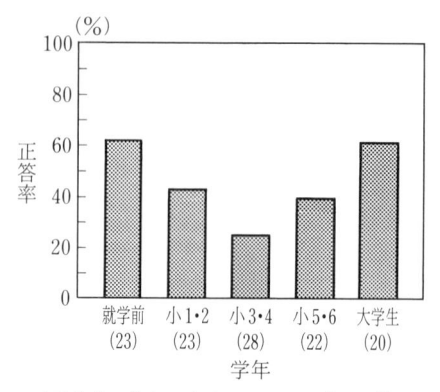

図 5-4 曲がったホースの問題の正答率の，年齢による変化．カッコ内は被験者の人数．

なるのか，なぜそのような誤解が生じてしまったのかを納得させることが必要であろう．

(c) **メンタルモデルによる学習**

　私たちが新しいことを学習するときの理解のしかたとして，素朴理論の形成とともに重要なのが，**メンタルモデル**(mental model)の利用である．メンタルモデルという用語は，近年の心理学で多義的に使われるので注意する必要があるが，一般的には，ある対象に対して，それがどのようなものであるかという心の中でのイメージのことである．たとえば，電流というのは，目に見ることのできないわかりにくい概念であるが，これを「水流のようなもの」として比喩的に理解するような例があげられる．この場合，水流が電流のメンタルモデルになっているわけである．コンピュータを「電卓のようなもの」と考えたり，原子を「太陽系のようなもの」と考えるのもメンタルモデルといってよい．

　比喩的なメンタルモデルは，理解を促進することもあるが，誤解を生むこともある．ゲントナーら(Gentner & Gentner, 1983)は，電流について，「水の流れ」というイメージをもっている被験者群と，「小動物の群れの移動」というイメージをもっている被験者群のそれぞれに，電池の結合の問題と，抵抗の

結合の問題を出した．その結果，それぞれの群には，特有の解答が生じやすいことがわかった．すなわち，「水流モデル」の被験者たちは，電池の直列と並列の違いに関する問題には正答率が高いが，抵抗の直列と並列に関する問題だと正答率が悪くなり，「群移動モデル群」の被験者では，その逆の結果になったのである．これは，それぞれのモデルにおける電池と抵抗の対応物(水流モデルでは，貯水器と障害物，群移動モデルでは，動物を駆り立てる拡声器のような装置と狭い門)の性質の違いが反映されたものであるという．

　教授者が適切なメンタルモデルを用いて教えることも，初学者に対しては有効である．ただし，メンタルモデルは必ずしも対象とまったく同じ性質をもっているわけではないので，大きな誤解を招くこともあることに注意しなければならない．コンピュータ言語を教える際に，変数を「箱の中にものがはいっているようなもの」として教えると，「代入」という操作をしたとき，もとの変数は「0になる」とか「値がなくなる」などという誤った類推をしてしまうことがこれにあたる(実際には，もとの変数の値はそのまま残るので，メンタルモデルとしては，テープのダビングとかコピーのほうが適切である)．どのようなメンタルモデルが学習者にとってわかりやすいか，またどのような誤解を生じやすいかを，教師としては把握しておく必要がある．

　教具や図的表現も，広い意味でのメンタルモデルとみなせるものがある．これらは，必ずしも「心の中のモデル」ではなく外在的な事物であるが，それらをある対象の類同物とみなすこと自体はメンタルなことなのである．計算の原理の教示に使われるタイル(欧米では「ディーンズブロック」と呼ばれるものがこれにあたる)は好例である．お金の計算も，水の量の計算も，大きさの異なるタイル(それぞれ，1, 10, 100などを表す)によって表現し，繰り上がり，繰り下がりなどをタイルの操作によって学んでいく．レズニック(L. B. Resnick)は，図5-5のような**対応づけ教授**(mapping instruction)と呼ばれる方法で，筆算の過程とブロックの操作を対応させて原理的な理解をはかるとともに，手続き的バグが解消されることをねらっている(Resnick & Omanson, 1987；鈴木ら，1989を参照)．

5 スキルの獲得と問題解決

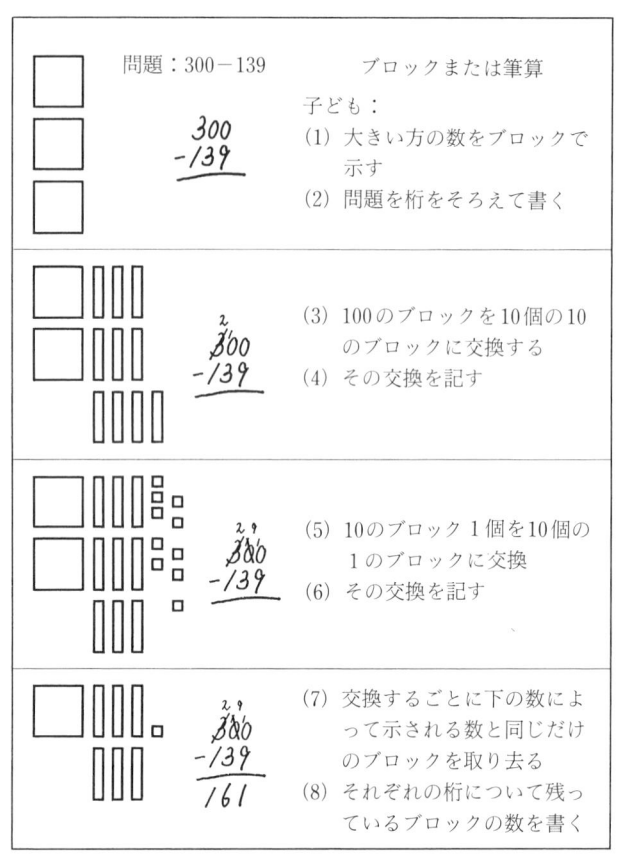

	問題：300−139	ブロックまたは筆算
	$\begin{array}{r}300\\-139\end{array}$	子ども： (1) 大きい方の数をブロックで示す (2) 問題を桁をそろえて書く
	$\begin{array}{r}\overset{2}{\cancel{3}00}\\-139\end{array}$	(3) 100のブロックを10個の10のブロックに交換する (4) その交換を記す
	$\begin{array}{r}\overset{2}{\cancel{3}}\overset{9}{\cancel{0}}0\\-139\end{array}$	(5) 10のブロック1個を10個の1のブロックに交換 (6) その交換を記す
	$\begin{array}{r}\overset{2}{\cancel{3}}\overset{9}{\cancel{0}}0\\-139\\\hline 161\end{array}$	(7) 交換するごとに下の数によって示される数と同じだけのブロックを取り去る (8) それぞれの桁について残っているブロックの数を書く

図5-5 対応づけ教授による引き算の学習の例

5-2 問題解決の過程と学習

「問題」とは，非常に広い意味で使われる言葉である．実際，認知心理学では，認知的なはたらきはすべて問題解決であるというとらえ方をする．「知覚」は感覚刺激から外界の状態を推定する問題解決であるし，「記憶」は断片的に残っている知識からもとの情報を検索する（あるいは再構成する）問題解決である，といった具合である．

一般的には，問題解決とは，初期状態に対して何らかの変換操作を加えて目標状態へと至る，一連の過程であると定義される．パズルやゲームでは，初期状態，変換操作，目標状態がいずれもはっきりと決められている．算数・数学の問題は，これに比較的近い．国語や社会となると，ルールが明確には定められない問題が多くなり，何が正解かということも決めにくい．

　この節で扱うのは，数学や理科などの領域の問題解決である．1970年代以降，認知心理学では教科学習の素材が多く使われるようになった．それは，対象として扱うのに適度な複雑さをもっていたためという研究方略上の理由もあるが，実験室的な課題ばかりでなく，より現実の問題解決に近づけた研究をしたいという研究者側の動機もあったように思われる．そして，解決方略としての「ヒューリスティックス」という概念と，問題に関わる「領域固有の知識」という概念を軸に，研究がすすめられるようになる．

(a) 問題解決の認知モデル

　ここでは，算数・数学の文章題を例にとって，問題解決の過程を考えてみよう(Kintsch & Greeno, 1985)．図5-6のように，問題文を読んでから，問題全体の表象をつくりあげるまでが，問題理解の過程である．これは，さらに2つの過程に分かれる．問題文の中にあるそれぞれの文を言語的に理解して命題的表象(4-1節参照)をつくりあげる過程と，さらに，それがどのようなタイプの問題かを認識する過程である．特に後者は，問題解決の上で重要な意味をもつ．問題理解とは，単に問題が字づらの上で理解できるということではなく，「ああ，これは太郎君のアメダマの数の変化をきいている問題だ」とか「これはツルカメ算の変形で，切手の総金額と合計枚数から，それぞれの切手の枚数を求めている問題だ」などということがわかることまで含めている．これは，4-2節(a)で述べたような文章理解の過程を考えてもらえればよい．**問題スキーマ**(problem schema)とは，問題状況がどのようなものであるかの原型となるスキーマであり，文単位の表象を結合して統一的な表象をつくりあげる役割を果たす．

5 スキルの獲得と問題解決

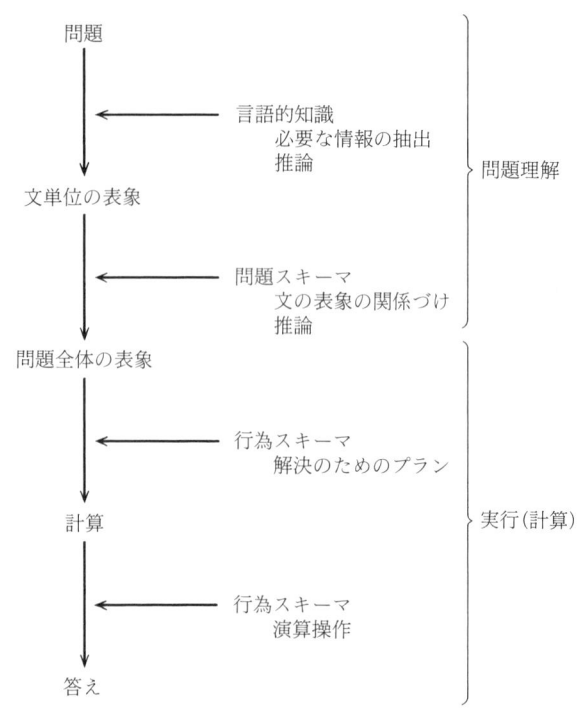

```
問題
 ↓         ← 言語的知識              ⎫
                必要な情報の抽出       ⎬ 問題理解
                推論                 ⎪
文単位の表象                          ⎭
 ↓         ← 問題スキーマ
                文の表象の関係づけ
                推論
問題全体の表象
 ↓         ← 行為スキーマ             ⎫
                解決のためのプラン     ⎬ 実行(計算)
計算                                 ⎪
 ↓         ← 行為スキーマ             ⎪
                演算操作              ⎭
答え
```

図5-6 数学の問題解決の過程(鈴木ら，1989 より)

　次に，解法を探索し，式を立てて計算を実行し，答を得るという過程が続く．**行為スキーマ**(action schema)とは，それぞれの状態に応じてどのような操作や手続きをとればよいか，すなわち「打つべき手」を決定するスキーマである．この過程の前半，つまり，解決のためのプランを立てたり，方針を決定したりするための知識は，**方略的知識**(strategic knowledge)と呼ばれることがある．特に，常に正しい解法に至るわけではないが，多くの場合に正解を得られるような手続きを**ヒューリスティックス**(heuristics)と呼ぶ．

　グリーノ(Greeno, 1978)は，中学校の幾何学の問題を解くシミュレーションモデルとして，PERDIX を作成した．これは，対象が文章題ではないが，上記の過程をほぼ踏まえている．そこでは，問題解決に必要な知識として，次の3つが使われている．

(1) パターン認識に関する知識——図形において,「対頂角」「同位角」などのようなパターンを抽出・同定するための知識.
(2) 推論のための命題——「対頂角は同じ大きさである」「三角形の内角の和は180°である」のような幾何の一般命題.
(3) 方略的知識——下位目標の設定やプランニングのための手続き的知識.

このモデルは,実際の生徒の解決過程の発話プロトコル(逐語的な言語報告データ)と照らし合わせながら改訂がはかられ,それまで漠然としか考えられてこなかった,幾何の問題解決における情報処理過程を明らかにしたものとして評価されている.

(b) 経験のもたらす制約

上記のように,問題解決においては,経験的な知識が果たす役割が非常に大きいことが,近年の認知心理学では強調されている.しかし一方では,経験があるために,解決法の探索が制約を受けてしまい,創造的な解決に至れないこともある.

同じ種類の問題を同じやりかたで解いていると,もっと簡単な方法で解けるにもかかわらず,定型的な方法を適用してしまうことがあり,これは**構え**(set)と呼ばれている(3-1節(b)の「学習の構え」と区別するために,「問題解決の構え」ということもある).ルーチンス(Luchins, 1942)は,容量の異なる3つの水がめ A, B, C を使ってある量の水を計り取る「水がめ問題」という問題をいくつか解かせた.はじめのいくつかは,$B-A-2C$ によって解ける問題にしておく(たとえば,$163-14-2\times25$ によって,99リットルの水ができる).すると,$A-C$ で簡単に解けるような問題でも,わざわざ $B-A-2C$ という方法を適用してしまったり,それが通用しないといっこうに解けなくなってしまうような現象が生じた.

また,日常的な事物をある目的のための手段として使っていると,その他の目的のためにも使えることに気がつかないことがある.これは**機能的固着**(functional fixedness)と呼ばれる現象である.ドゥンカー(Duncker, 1945)

5 スキルの獲得と問題解決

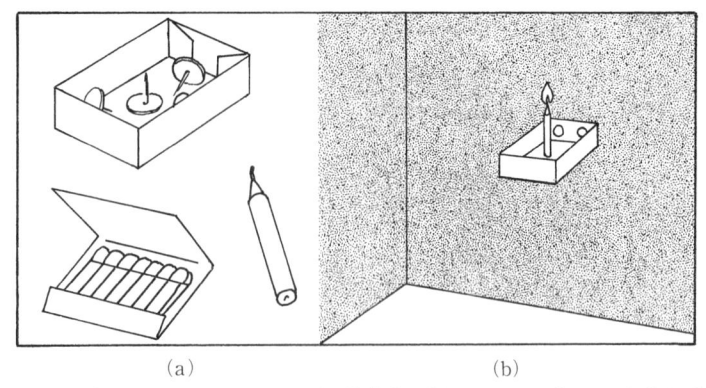

図 5-7　ドゥンカーのロウソク問題で被験者に提示された品物(a)と解答例(b)

の実験では，床やテーブルにロウソクを立てられないときに，図 5-7 のようないくつかの品物を材料にして，何とかロウソクを立てて火をともすことができないかを考える課題が出された．正解は，マッチ箱を画鋲で壁にとりつけて台にすればよいのであるが，これがなかなか難しい．特に興味深いのは，箱の中に画鋲がはいっているときのほうが，外に出してあるときよりも考えつきにくいことである．箱を「入れ物」としてとらえているときには，それを何かを載せる「台」にするというアイデアは生じにくいのであろう．

　問題解決の際には，構えや機能的固着が妨げとなって創造的な発想に至れないことが少なくない．つまり，ある状況への慣れが，無意識的制約となってしまうのである．こうした制約を免れるために，いわゆる「発想技法」と呼ばれるアイデア開発の方法や，集団思考の方法が提案されており，企業内教育などではしばしば取り入れられている．しかし，それらの効果や心理的プロセスの検討はまだあまり進んでいない．

(c)　問題解決力を高める

　問題解決の学習には，洞察，ひらめき，センスなどを重視する考え方と，経験的知識を重視する考え方とがある．前者の立場では，問題解決の経験を通じて学習されるべきものは，思考の方略であると考える傾向が強い．つまり，カ

ンやコツのようなものが会得されるとするのである．一方，後者の立場では，個々の問題から得られる領域固有のルールの蓄積によって問題解決能力が高まると考える．こうした相違は，扱っている領域，レベル，学習者のタイプにも依存する．また，両者の間に明確な境界線を引くことも，実は難しい．ここでは，問題解決力のキーとなるテーマを3つの側面に分けてまとめるが，それぞれの中にかなり一般的なものから，領域固有的なものまであることに注意してほしい．

(1) ヒューリスティックスの獲得

ヒューリスティックスとは，アルゴリズム（常に正しい解の得られる決まりきった手続き）に対する概念であるから，非常に広い意味で使われる．いわば「思考の筋道」といってよいだろう．「難しい問題は図に書いてみるとよい」「すでにやったことのある問題で似たものがないか探してみよ」といったごく一般的なものもあれば，「大小比較の問題は，差をとって式変形せよ」「数列の和の問題では，隣り合った項の差をつくってみよ」といったような，受験参考書ではなじみのある具体的な方略もある．

数学者のポリヤ（G. Polya, 1957）が著した『いかにして問題を解くか』（原題 "How to Solve It"）は，数学の問題解決のプロセスとヒューリスティックスを示した著名な本であるが，本を読んだだけではもちろんこうしたヒューリスティックスを使えるようにはならない．学校教育でも，ある程度一般的なヒューリスティックスを教えて，それを軸にした問題練習をとりいれることがあってもよいだろう．さもないと，多くの生徒は，問題に対処するときのしかた，ふだんの学習のしかたがわからず，結局「とにかくたくさんの問題にあたって，その解き方を暗記するしかない」という物量主義的，暗記主義的学習観に陥ってしまうからである．最終的には学習者が自らヒューリスティックスを模索し，発見していくのが望ましいが，現状では「いろいろな学習法やヒューリスティックスがある」ということすら，学習者に意識化されていない場合が少なくないようである．

5 スキルの獲得と問題解決

　シェーンフェルト(Shoenfeld, 1985)は，大学生に対し，「変数の少ない似た問題を考えよ」「下位目標を設定せよ」というようなヒューリスティックスのリストを提示し，それらに沿って数学の問題の解法を例示した．その後のテストでは，5分ごとにこのリストを見ながら問題を解くことにより，はるかに成績が向上した例を紹介している．また，市川(1991)は個別指導の中で，問題がうまく解けなかったときに，「なぜ解けなかったのか．どうするべきだったのか」という教訓を学習者自身に抽出させる指導方法(**教訓帰納** lesson induction)を試みている(6-2節(c)参照)．これは，ヒューリスティックスを自ら発見し，応用させることにもつながるものであろう．

(2) チャンク化とスキーマ帰納

　ある領域での問題解決の熟達者(エキスパート)と呼ばれる人たちは，卓越した記憶力をもっているように見える．たとえば，囲碁やチェスの熟達者は，複雑な盤面を一度見ただけで誤りなく記憶できたり，1つの試合を後から完全に再生できたりする．これは，しばしば生じる局面が長期記憶の中にチャンク(◤3-3参照)として記憶されているためであり，まったくランダムな配置の記憶は素人とたいして変わりがないと言われている(Chase & Simon, 1973)．大きなチャンクを扱える分だけ，短期記憶の負荷は少なくなり，操作や推論は効率的に行なえることになる．

　一方，数学や物理の専門家は，多くの問題にあたった経験から，表面的な素材や状況に惑わされずに，同じタイプの問題と認識できる力をもっている．いわゆる問題スキーマが量的に豊富であると同時に，それを個々の問題に適用することもまた優れているのである．教授者は，学習者に対して，「ほとんど同じ問題なのになぜ解けないのか」と思うことが多いかもしれないが，人間は同じ形式的構造をあてはめてさまざまな認識や推論を行なうというよりは，通常の思考では，状況に依存した領域固有のルールを適用することが多いため，これは無理からぬこととも言えるのである．

　ジックとホリオーク(Gick & Holyoak, 1983)によれば，問題を解かせたあ

とで「今，解いたのはどのような種類の問題だったか」を要約させると，この要約が適切なレベルで抽象化して行なえた被験者は，その後同じタイプの問題に対して転移させて解決することができるという．これは，問題スキーマを意図的に形成しようという操作で，**スキーマ帰納**(schema induction)と呼ばれた．前述の「教訓帰納」は，このスキーマ帰納を一般化した学習方略といえる．これらの重要な指摘は，問題解決力を向上させるためには，むしろ一連の問題解決行動の後に，それを振り返って何をするべきかを具体的に示していることである．

チャンク化とスキーマ帰納は，経験的知識を構造化し，大きな単位の知識として扱えるようになるための重要な過程である．ここでも，熟達化とは，経験を単に量的に蓄積することではないことがわかる．

(3) 認知的ツールの利用

教具や図式表現をメンタルモデルとして，問題解決に利用することが有効なことはすでに述べた．このように，認知活動の補助として道具のように使えるものを，「認知的ツール」と呼ぶことがある．特に，もとの問題と論理的に同型の構造をもった視覚的な表現(**同型的図式表現**)をメンタルモデルとして利用することは，ときとして非常に有効である．▼5-2のバランスモデルは，そのような表現の例である．

一般に，線分図，グラフ，矢線ベクトルなどの図式表現が数学の解決を促進することはしばしばある．市川(1990)は，それらが問題となっている抽象的な量の大きさ(たとえば，時間，重さ，比率，確率，相関係数など)を，長さ，面積，角度といったような，目に見える量として表現し，心的操作を容易にしているという側面を強調している．そこで，文章題を解く際に図を描くのがよいといっても，具体的な事物を場面図(状況図，情景図とも言われる)として描くのではなく，「量的表示」と「操作容易性」という条件を備えた線分図のような図式表現のほうが，問題解決にとってむしろ効果的であり，またそうした表現を理解したり，操作したり，案出したりすることが，学習上重要であること

5-2 比率の問題とバランスモデル

ビーカーにはいった食塩水 A_1 と B_1 を比べると，B_1 のほうが濃い．また，A_2 と B_2 を比べると，B_2 のほうが濃い．ところが，A_1 と A_2 を混ぜ，B_1 と B_2 を混ぜると，前者のほうが濃いという．このようなことがありうるだろうか．あるとすれば，その例(それぞれの食塩水の量と濃度)をあげよ．

という反直観的な問題(シンプソンのパラドックス)を考えてみよう．比率の合成に対する同型的図式表現として，**バランスモデル**というものを考えると，これは容易にわかる．バランスモデルでは，図 5-8(a)のように数直線上に比率(この場合は濃度)をとり，分母の大きさ(この場合は食塩水の量)を重みとしたときの均衡点が，合成(この場合は混合)した比率になる(市川, 1990)．上記の問題のような事態が生じるのは，どのような場合か，図を操作すれば，図 5-8(b)のような場合であることがすぐにわかるに違いない．

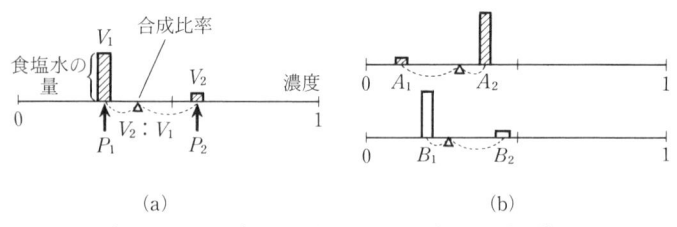

図 5-8 バランスモデル(a)によって，シンプソンのパラドックスが生じる場合を考えてみると，(b)のような場合であることがわかる(市川, 1990)．

を指摘している．

　ヒューリスティックスもスキーマ帰納も認知的ツールの利用も，一種のスキルであり，だれにとっても即座にうまく実行できるものとは限らない．これは，ソロバンが計算の道具といっても，それを有効に使うには練習が必要であるのと同様である．しかし，訓練を経たあとでは，確実に威力を発揮する．繰り返

すことになるが，問題解決についてこうしたスキルを教授することは，これまでの学校教育ではあまり行なわれてこなかった．これらは，しばしば学習者側の責任に帰せられており，その結果，能力の高い学習者は自発的にスキルを身につけられるが，そうでない学習者には挫折感を与えることにもなっていたといえよう．幾何の問題解決のシミュレーション・モデルを開発したグリーノは，次のように述べている．

> 内容に固有な問題解決の方略をはっきりと教授することは望ましいことであるかもしれないし，あるいはそうでないかもしれない．だが，それが教授できないと仮定されるべきではない．幾何の問題解決で利用される方略の諸原理は，なにも神秘的なものではない．必要とされる方略についての1つの考えは，私が本論で記述した問題解決モデルの中にはっきりと述べられている．もし方略的ルールについてのはっきりとした説明が与えられるようになるとすれば，生徒たちにその諸ルールを伝達し，彼らにそれらを利用する練習をさせるような教材を開発することは，実際に実現可能なのである．
>
> (Greeno, 1978. 訳書 p. 101-102 を一部改変)

▷ 第5章のまとめ ◁

5-1 手続き的知識は，「もし～ならば…せよ」という形のプロダクションルールの集合体であるプロダクションシステムとして表現される．

5-2 学習者は手続き的なバグや誤概念を多くもっている．それらは，素朴理論という強固な信念体系となっていることがある．

5-3 メンタルモデルという比喩的な内的モデルは，誤概念のもととなることがあるが，理解の助けとなることもあり，むずかしい手続きや概念の指導法としても使われている．

5-4 問題解決には問題を理解する課程と，解決法を探索し実行する課程がある．解決のためには，問題のタイプを識別するスキーマと，ヒューリスティックスのような方略的知識が必要である．

5-5 問題解決力を高めるには，チャンク化，スキーマ帰納，ヒューリスティックスなどに注目した学習方略をとるとともに，認知的ツールの利用に慣れることが考えられる．

5 スキルの獲得と問題解決

キーワード

手続き的知識　プロダクションシステム
誤ルール　バグ　誤概念　素朴概念　素朴理論　素朴物理学
メンタルモデル　対応づけ教授
問題解決　問題スキーマ　行為スキーマ
方略的知識　構え　帰納的固着
ヒューリスティックス　教訓帰納　チャンク化　スキーマ帰納
認知的ツール　同型的図式表現

▷ 演習問題

5-1 受験勉強法を説く本の中には，「(受験)数学は暗記である」と主張するものがある（例えば，渡部由輝著『数学は暗記科目である』(原書房)；和田秀樹著『数学は暗記だ』ごまブックス）．こうした本を読んでみて，認知心理学的観点からその妥当性を評価してみよう．また，これらと反対の主張に立つ本(例えば，吉永良正著『数学正しい学び方』ごまブックス)も参照してみるとおもしろいだろう．

5-2 問題解決に必要な方略的知識を明示的に与えることは，教育方法としてどのような利点と問題点があるだろうか．各自の考えを出し合って討論してみよう．

5-3 理科，数学などで，アナロジーによるメンタルモデルによってよく理解できたと思われる例を，個人的な経験から探してみよう．また，友人と出し合ってみよう．

6

個に応じた教育と自己学習力

同じ授業を受けても,あるいは同じ教科書を使って同じ時間勉強をしても,学力に大きな差が現れることがある.これはどうしてなのだろうか.1人1人がそれぞれの関心や能力に応じて,十分に学力を伸ばせるような授業はどのようにしたら可能なのだろうか.この章では,学力の個人差のとらえ方,個に応じた学習指導の行ない方,さらに,自己学習力とその育成について考えてみよう.

6 個に応じた教育と自己学習力

6-1 個人差をどうとらえるか

「個に応じた教育」というのは，最近の教育界の大きなテーマである．一斉授業，個別指導を問わず，教師は学習者1人1人の状況や内面をとらえ，きめ細かな指導をすることが期待されている．いわゆる「良い教え方」というものがあって，それに沿って教えれば誰でも学力が上がるというわけではなく，どのような学習者にはどのような教え方が適切かを知り，柔軟に対処することが望ましい．ここに，後述する「適性処遇交互作用」の考え方が生まれてくる．

一方では，近年「自己学習力」ということが強調されている．これは，学習者それぞれが，「自分自身の教師」として，目標を設定し，学習状態を診断し，自己評価することによって，自立的に学習を進めていく力のことである．教師がていねいな指導をすることと，生徒が一人立ちすることとは，一見逆のように見えるかもしれないが，必ずしもそうではない．教師による指導を通じて，学習者はどのように学習状態を診断し改善するかということを学び，それを自己学習に生かすことができるからである．それだけに，教師が学習者をどうとらえようとしているかは，重要な影響力をもつことになる．

(a) 属性的なとらえ方と状況的なとらえ方

学習における個人差を説明する1つの考え方は，個人に備わった特性にその原因を求めるものである．たとえば，知能，創造性などの特性は，あまり領域によらない個人的属性であり，学習における差をもたらす大きな要因であると考える．実際，心理学ではさまざまの知能検査が考案されており，それらの成績は学力テストの成績と相関があることがくり返し確かめられている．こうした見方を，個人差の「属性的なとらえ方」と呼ぶことにしよう．

この考え方では，必ずしも，属性が生得的なものであるとか，不変的なものであるとするわけではない．また，知能ばかりではなく，認知スタイル（知覚的な判断のしかたのタイプ）や，性格，学習動機づけなども考慮される．しか

し，属性とは，「個人に備わった性質で，領域や状況にはよらない」と考えるのが一般的な特徴である．性格，動機づけ，興味などの情意的側面は，「質的個人差」と呼ばれることもあるが，やはりいくつかの次元における量的な個人差や，尺度の得点に基づく「型」の違いとしてとらえられ，測定されていることが多い．

　学習者の個人差に関して，属性的なとらえ方と対比されるのは，「状況的なとらえ方」である（ここで「状況的」というのは，3-3節で解説した状況論に基づくという意味ではなく，より一般的に「状況による」という意味である）．この見方では，個人に備わった属性というよりは，学習者の状態，置かれた状況が学力を規定していると考える．つまり，同じ個人でも状況が変わればかなり異なる学習者となるとする．第4〜5章では，文章理解，概念獲得，問題解決に対する知識の役割が強調されていた．ある領域に関する知識が，それに関連する知識の獲得を促進するのである．これは，いわゆる「頭の良さ」というより，それまでの経験からどのような知識構造を形成しているかが，その後の学習に大きな影響を及ぼすという考え方である．知識構造は，かなり領域に特有なもので，しかも可変性の高いものであると想定している点が，属性的な考え方と異なるところである．

　情意的な側面としては，学習意欲の状況依存性をあげることができる．第2章で見たように，ある学習状況で意欲が出るかどうかは，本人の動機づけ特性というより，その状況での学習の可能性に対する認知のしかたによるところも大きい．また，教師や他の生徒との人間関係が変わると，生徒がやる気を見せて成績が上がったり，あるいはその逆になったりすることは少なくない．教師が生徒1人1人に対して，どれくらい誠意をもって接してくれるかなどということが，生徒の学習意欲にはかなり大きく影響する．これは，学習が，他者との関係において支えられていることにほかならない．

(b) 学習方法と学習観

　後述するメタ認知の研究とも関連するが，学習者自身が，学習とはどのよう

6 個に応じた教育と自己学習力

なものであると考えているか,どのように学習を進めているか,という点の個人差は非常に重要である.梶田(1986)は,学び方について個々人がもっている信念を**個人的学習理論**(personal learning theory, PLT)と名づけた.さらに,教え方についての信念を**個人的教授理論**(personal teaching theory, PTT),両者を合せたものを **PLATT**(personal learning and teaching theory)と呼んでいる.彼らは,とりわけ,児童・生徒がとっている学習方法に着目して広範な調査を行なっている.自由記述で集められた学習のしかたを整理して項目にし,さらに因子分析を用いてグルーピングした結果,項目を図6-1のような5つの次元にまとめている.個々の学習者について,それぞれの次元について高いか低いかのプロフィールを作ると,$2^5 = 32$ のパターンがありうることになるが,高校生に対する調査の結果では,図6-1のようなパターンが全体の

尺　度	A		B	
	型	項 目 例	型	項 目 例
実 行 性 (4項目)	気分型	まとめて一度に学習 気ののったときに学習	努力型	少しでも毎日学習 計画にそって1歩1歩学習
計 画 性 (6項目)	計画型	学習の計画は細かく立てる 立てた計画は必ず守る	臨機応変型	学習の計画はおおわくだけ 計画にはこだわらない
指向性(ペース) (5項目)	マイペース型	自分のペースで学習 自分1人で学習	他者ペース型	他者のペースにあわせる 他の人を意識して学習
自 主 性 (4項目)	自力本願型	自分で最後まで調べる ねばり強く考える	他力本願型	先生や友だちにたずねる ヒントをみて速く理解
動 作 性 (3項目)	活動型	書いたり手を使って学習 気分転換をしながら学習	静思型	何もせず静かに学習 続けて集中的に学習

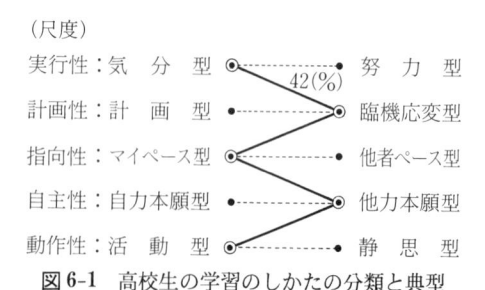

(尺度)
実行性:気　分　型 ●----------● 努　力　型
　　　　　　　　　　　42(%)
計画性:計　画　型 ●----------● 臨機応変型
指向性:マイペース型 ●----------● 他者ペース型
自主性:自力本願型 ●----------● 他力本願型
動作性:活　動　型 ●----------● 静　思　型

図 6-1　高校生の学習のしかたの分類と典型

6-1 個人差をどうとらえるか

42%をしめ，わが国の典型とみなせるのではないかとしている．

学習方法の個人差は，学力にどのように影響を及ぼしているだろうか．坂元らは，さまざまな教科について，ふだんとっている具体的な学習方法を**学習技能**と呼び，質問紙を作成して，学業成績の上位群と下位群との比較を行なっている（坂元，1991）．図6-2は，算数の学習技能に関して，かなり明瞭に両者の差が現れた項目の例である．

学習方法の背後には，**学習観**とでもいうべき，学習についての考え方や態度があると思われる．堀野ら（堀野・市川・奈須，1990; 堀野・市川，1993）は，基本的な学習観として，「学習における失敗に対してどれくらい肯定的・柔軟的な態度をもっているか」ということと，「結果が合っていたか間違っていたかということよりも，思考過程自体を楽しむ傾向があるかどうか」という側面をとりあげ，小学生や大学生を対象に調査と面接を行なっている．これらの2つの尺度の相関は0.6〜0.7前後でかなり高く，失敗を悪いことと思わずにそれを生かしながら学習すればよいと考える生徒は，考える過程を重視する傾向がある．また，堀野・森（1991）の考案した，自己を高めることに重点をおく「自己充実的達成動機」の尺度得点とも相関が高かった．しかし，他者との競争に関心の向く「競争的達成動機」の尺度得点は，これらのどの尺度とも相関が低かった．このように，第1〜2章で述べた学習動機も含め，学習観や学習

(1) 複雑な計算は計算法則を使って簡単に解けないか考えて解きます．
(2) 方程式の答えは代入して答えを確認します．
(3) 関係ある公式・定理を使って解くようにしています．
(4) 文章題はわかるまで何度もよみます．
(5) 簡単な計算は暗算を使って解きます．
(6) 文章題を解くとき関係式を考えながら読んでいます．
(7) 関係をつかむために線分図や図を書いて解くようにしています．

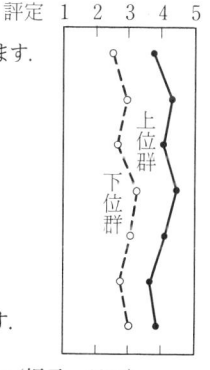

図6-2 算数の成績上位群と下位群の学習技能の違い（坂元，1991）

6-1 知能と知能検査

知能(intelligence)とは,「頭の良さ」すなわち,知的なはたらきをさす言葉として使われている.心理学では,さまざまな定義があるが,大きく分けると

(1) 問題解決能力(特に,抽象的な思考力)に重点をおくもの
(2) 学習する能力に重点をおくもの
(3) 環境への適応能力に重点をおくもの

がある.

知能の測定は,**ビネーの知能検査**にはじまる.これは,フランス政府の要請を受け,就学が困難な児童を早期に発見するために開発された.ビネー(A. Binet)は,子どもが発達するにつれてできるようになっていく知的課題を整理し,その達成度に応じて知能を数量化する方法を考案した.つまり,ある子どもが,何歳の標準的な子どもの知的課題の遂行のレベルに該当するかを**精神年齢**として定義したのである.のちにターマン(L. M. Terman)は,精神年齢と実際の年齢(暦年齢)との比を**知能指数**(intelligence quotient, IQ)と定義し,以後広く用いられるようになった.平均的な知能であれば知能指数は100であり,知能が高いほど大きな値となる.

ビネーの知能検査は,幼児期,学童期の学業成績を予測するのにある程度成功を修めたことから,知能検査はさらに発展する.一方では,集団で一斉に行なえるペーパーテスト形式の検査が開発される.また,他方では,成人向けの知能検査が開発されるようになる.第1次世界大戦の頃,アメリカでは軍隊において,「アーミーα」(言語式),「アーミーβ」(非言語式)と呼ばれる集団式知能検査が大規模に実施され,配置や昇進のための資料として使われた.これは,形式,内容から見て,現在一般に実施されている成人用知能検査とかなり近いものである.

知能検査には,通常,いくつかの下位検査が含まれている.それらの下位検査の間には,相関が高いものと低いものとがあることが,知能検査の開発当初から気づかれていた.これは,知能の高低といっても1次元的なものではなく,相関の高い下位検査課題群ごとに異なる次元の能力を測定

していることの表れとみなせる．知能検査の相関関係の分析から，心理学では**因子分析**(factor analysis)という統計的手法が開発されていった．「因子」とは，潜在的に仮定される人間の基本的な能力である．それぞれの下位検査の得点は，因子得点の重みつき合成得点として表されることを仮定するのが，因子分析の基本的な考え方である．この重みの与え方は数理的に求まるが，それを手がかりにテストを分類したり，因子の心理学的な意味を解釈したりすることになる．

方法の個人差とその発達の問題は，最近盛んに研究されつつある．

6-2 個に応じた学習指導

(a) 適性処遇交互作用とは

　教育研究者や教育実践者から，有効な学習指導の方法が提唱されることがある．すると，それに重点を置いた学習指導を普及させようという動きが現れる．しかし一方，教育方法は個人的な特性との関係で決められるべきものであるという観点も，見逃すわけにはいかない．つまり，良い教育方法は，だれに対しても良いとは限らないという考え方もあるだろう．

　学習者の特徴によって，どのような教育方法や訓練方法が効果的かということが異なってくる現象を**適性処遇交互作用**(aptitude-treatment interaction, ATI)と呼んでいる．「適性」とは，知能，性格，認知スタイルのような学習者の属性で，「処遇」とは，その学習者に対する教育方法のことである．たとえば，図 6-3 の結果によれば，GA と CA のどちらが優れた教授法かは一般的には言えず，言語性知能の高い生徒は GA で教えたほうが効果があり，低い生徒は CA のほうが効果的であることになる．

　交互作用(interaction)とは，実験計画法で使われる用語で，一般には，ある要因(ここではどの処遇をとるか)の効果が，他の要因(ここでは適性)によって影響されることをいう．しかし，特に適性処遇交互作用で問題にされるのは，

6 個に応じた教育と自己学習力

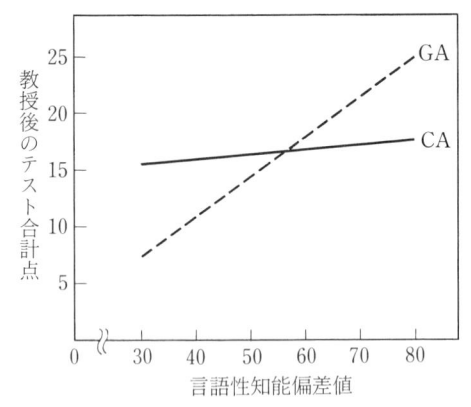

図6-3 言語性知能と英語教授法の適性処遇交互作用．伝統的な文法中心のアプローチ(GA)と，自然な文脈の中でのコミュニケーションを通じて教えるコミュニカティブ・アプローチ(CA)のどちらが効果的かは，生徒の言語性知能によって異なってくる(安藤ほか，1992)．

図6-3のように，2つの回帰直線(変数xから変数yを近似的に予測する直線)が交差するような場合である．このときには，その交点となる適性値を境に，2つの処遇を切り換えることによって，全体として高い効果が得られることになる．処遇が3つ以上ある場合も同様で，要するに，個人的特性を情報にして，教育効果を「最適化」することができるというわけである．

(b) 適性処遇交互作用の問題点とその克服

適性処遇交互作用の概念は，クロンバック(L. J. Cronbach)によって提出され，その後多くの実証的研究がなされてきた．この考え方が教育に与えたインパクトは大きいが，反面，次のような問題点もある．

(1) 結果の信頼性が低い——追試の結果，常に安定した結果が得られるわけではない．また，平均値を見れば交互作用が見られる場合でも，個人差が大きく，単一の特性をもって，個々の子どもに対してどの教育方法が適切かを判定することはむずかしい．

(2) 測定と実施が現実的に困難——それぞれの子どもにどの教育方法が適しているかは，さまざまな心理テストを実施した上で決定しなくてはなら

ない．また，仮に心理テストを実施したとしても，その得点の等質な群を編成して，それぞれに応じた教育方法をとるということは，現実には行ないにくい．

(3) 属性的な発想の限界——「適性」というとき，比較的安定した個人の特性で，しかも量的にとらえられるものに偏っている．認知心理学で問題にされるような既有知識のありかた(スキーマ，バグ，メンタルモデル，ヒューリスティックスなど)の違いに応じた学習指導という考え方がなされていない．

さらに，理念的な批判として，次のようなものがある．

(4) 教育とは，その個人ごとに学習効果(通常はテストで測定される学力)が最大になるような方法を，教師が処遇するというものなのだろうか．学習者自身が，自分を知り，自分にあった学習方法を模索していくことこそ必要であり，学校ではむしろ，いろいろな教育を受ける経験をしたほうがよいのではないか．

(5) 適性処遇交互作用に基づいて最適化をはかるということは，できるだけ等質的な学習者を集めてクラス編成をすることにつながる．しかし，教育場面では，むしろさまざまな特性の学習者たちがいてこそ，多様な立場に触れることができ，自分を知ることにもなるのではないか．

これらの批判は，いずれも適性処遇交互作用研究の根幹に関わる重要な問題である．ただし，集団一斉授業という授業形態が，今後は必ずしも大前提でなくなれば，適性処遇交互作用についても新しい利用法や研究法が生まれてくるかもしれない

たとえば，個別学習，個別指導の比重が学校教育の内外で高まってくれば，学習履歴や個人特性のデータをもとに，学習者自身が教師の援助を受けながら，自分にあった方法を選択しつつ学習していくというようなことも現実化してくる．そのときには，学習者自らが能動的に適性処遇交互作用の知見を生かしていくという可能性は高いし，また(3)のような批判に対して，「適性」の概念がより広いものに変化していくことも考えられるだろう．(5)に関していえば，

基礎的な技術や知識の獲得に関しては，多かれ少なかれ「効率」を考えた学習が必要であり，学習者どうしの相互作用や立場の理解を重視しすぎることは，かえって個々人の自由な学習を妨げることになるという反論もありうる．読者自身の考え方を吟味するきっかけとしてほしい．

(c) 個別学習指導と認知カウンセリング

　個に応じた学習を行なうときに，1対1で行なう個別学習指導はとりわけ効果的であることが多い．これは，
 ・教師から，1人の学習者に向けた診断的質問が行なえること
 ・学習者のレベルに応じた説明や問題が与えられること
 ・自己のペースで考える時間があること
などの認知的な意味での利点もあるが，
 ・他の生徒の目を意識せずに，自分の誤りを開示しやすいこと
 ・教師からの受容感，共感的理解が得られる可能性が高いこと
という感情的な側面も無視できない．逆に，こうした点が生かせなければ，せっかくの個別指導を行なっても効果はあまり期待できない．

　現実には，完全な個別指導をとりいれている学校はけっして多くない．授業の中で「机間巡視」の際にヒントを出したり，テストや提出物を手がかりにアドバイスをしたりすることにとどまらざるをえない．これには，授業時間以外に個別指導を行なう時間がとりにくいこと，特定の生徒(成績のよしあしに関わらず)にだけ個別指導を行なうことへの不公平感があることなど，いろいろな要因が考えられる．そこで個別指導は，民間の塾や家庭教師，あるいは学業不振児のための公共的な教育相談などに委ねられてきた．ただし，個別指導の研究としての蓄積は，こうした場からは得にくかったといえよう．

　認知カウンセリング(cognitive counseling)は，「何々がわからなくて困っている」という認知的問題をかかえた学習者(認知的クライエント)に対する個別的な相談と指導を通して，認知心理学や教育心理学の基礎研究と学習指導をつなぐという趣旨で行なわれている実践的研究活動である．現在のところ，

小・中・高校生に対する教科の個別学習指導が中心になっている(市川, 1989, 1993). 認知カウンセリングでは, 学習者がわからないという問題をわかりやすく説明したり, 解けるように指導するだけではなく, 学習者が自らの学習観や学習方法を見つめ直し, 自立的に学習を進めていけるようになることを大きな目標としている. そのため, 動機づけ, メタ理解, 認知構造, 必要知識といった側面に対し, 学習者を診断しながら指導するとともに, 学習者自身がそのような視点から自己診断し, 学習改善のための手がかりを見出すことを促す(◣4-2 も認知カウンセリングの事例なので参照されたい).

◣6-2 は, ある大学生が認知カウンセラーとして小学4年生の学習指導をしている例である. 何げないやりとりのようであるが, 次のような, 相談・指導上のポイントがいくつか含まれている.

(1) 正答か誤答かにかかわらず, 答に至るまでの説明を求める——解決過程への注意を促し, 表現力を育てる.

(2) どこまでわかっているかを確認する診断的な質問を入れる——「直角が90度である」ことの確認など.

(3) いきなり説明せずに, 必要最小限のヒントを出していく——自分で考える余地を残し, 達成感をもたせる.

(4) 問題を解いたあとで, 最初わからなかった原因の考察を求める——誤答の原因を一般的な「教訓」として抽出して, 定着と応用をはかる.

どのような質問, ヒント, 教示が適切かは, 学習者の特性や知識状態にもよるし, カウンセラーとの人間関係にもよる. 経験の浅い認知カウンセラーや家庭教師の場合, 一方的な説明をして学習者には確認を求めるだけだったり, どのような学習者にも同じようなしかたで対処してしまう傾向が見られる. また◣6-2 の例では, ヒントの出し方は即興的にうまく行なっているが, 学習者の当初の誤解(時計の文字の間の角度)の押さえは十分とはいえない. 認知カウンセリングでは, 各カウンセラーの事例報告をもとに, 相談・指導の方法を具体的に検討することを通して, カウンセラーとしての力量の向上とともに, 学習指導を理論化していくことをめざしている.

6-2

認知カウンセリングにおける指導場面から

これは小学校4年生の女子への算数指導の場面である．Cl はクライエント，Co はカウンセラーを表す（斎藤，1990を改変）

〈問題〉

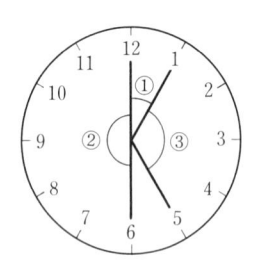

[クライエントの解答]

①20度（誤り）

②180度（正解）

③？

Co:「なぜ，①が20度になるの？」

　Cl:「(時計の針の)12と1の間の半分が10度で…」
　と言いながら，20，40，…と6の針まで数える．数えてみて間違えたことに気づく．もう一度考えるように言うと，しばらく考えていたがわからない様子．【誤解の発見】

Co:「12から3までは何度なの？」

　Cl:「90度」

Co:「それでは，12から1までは？」

　Cl: つまってしまう．また同じように指で20，40，…と数え始める．

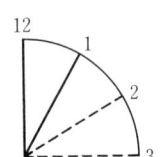

Co: そこで，右図のように線を加えた．【ヒントの提示】

> Cl: しばらく考えていたが,ノートに,
> 《90÷3＝30, 答　30度》
>
> Co:「なぜ,できなかったんだと思う？」　【教訓帰納を促す】
> Cl:「今までやった問題は,足し算や引き算で答を出したから,そのやり方で解こうとした.」
>
> →①がわかると,③もすぐに正解を出した.
> 《180－60＝120, 答　120度》
> 説明も「30度が2つで60度.180度から60度を引く」と正しくできた.

6-3 自己学習力とその育成

(a) メタ認知と自己学習力

　認知心理学では,人間を一種の情報処理システムであると考えることを第3章で述べたが,その処理をコントロールするプログラムは固定したものではない.言い換えれば,いくつかのプログラムを柔軟に使い分けたり,新しいプログラムを作り出したりするのが人間の学習である.そこで,人間が自らの認知過程をモニターしてコントロールしていく**メタ認知**(metacognition)というはたらきが大切になってくる.メタ認知とは,「認知過程に対する認知」のことであり,具体的には,次のような内容をさしている.

- 自己の認知についての知識をもつこと——たとえば,「自分はどれくらいの量の記憶ができるか」がわかる
- 自分の認知過程の状態を把握すること——たとえば,「自分は今の話がどうもよくわかっていないようだ」ということがわかる
- 自分の認知行動を制御すること——たとえば,「あとで思い出しやすくするためにはこのように憶えればよい」とわかっており,実行できる

6 個に応じた教育と自己学習力

 学習には,外界の事象についての知識を蓄積するだけではなく,自己の認知の過程を知り,それを自分自身でコントロールしていくというメタ認知的な側面がきわめて重要である.従来,「成熟」という生得的要因と,「経験」という環境的要因によってのみ,知的発達が論じられることが多かったが,自己による意識的な制御活動としてのメタ認知に関する研究は,発達研究,教育研究における新しい動向といえる.

 一方,教育界では,**自己学習力**の育成が近年特に強調されている.類似の意味を表す言葉として,「自己教育力」,「自己統制力」(self-regulation)なども使われている.学習者が自ら目標を設定し,計画を立てて遂行し,結果を自己評価していくという,主体的な学習が求められているわけである.もちろん,こうした力を育てることはどの時代でも教育の目標だったはずである.しかし,今日特に強調されているのは,大きく見れば次のような2つの理由によると考えられる.

(1) 生涯学習の視点から——現代のように学問や技術の変化の激しい時代には,学校で学んだ知識・技能だけで一生仕事をしていくことはできない.また,余暇の時間が増えて,学校を出ても新しいことを学びたいという欲求が高まっている.すると,教師にお膳立てをしてもらって追随的に学んでいくような学習者では,社会に出てから困るのではないか.

(2) 教育の個性化の視点から——教育とは,同じ目標に向かって児童・生徒を駆り立てるのではなく,学習者の自己実現を促すようなものではないのか.学習者はさまざまな価値観や目的をもって学習する.教師は,それらの多様な分野すべての専門家ではありえないのだから,基本的には学習者自らが自分の関心に沿って,独立した学習を進められる力をもたなくてはならない.

 こうした自己学習力が強調される現在,自己の認知過程について理解を深め,学習を進めるために適切な方略を自ら探っていけることが,学校教育でも重要なテーマの1つとなっているのである.

(b) 自己学習力を育てるには

　自己学習力の育成は教育の基本的問題であると同時に，非常に困難な問題でもある．学校教育を中心に，その方策を考えてみよう．

　まず第1に，どのように「学習環境」を整えるかという点が重要である．従来の教師主導の一斉授業では，児童・生徒は一定の時間机に座り，教師の説明や教具，そして各自の教科書を情報源として知識を獲得するという活動が主となっていた．しかし，自己学習を重視するならば，学習者それぞれが時間と場所を自由に選択でき，自らの課題に応じた学習材（学習するための材料）が利用できる環境にする必要がある．最近わが国でも，「オープンスクール」ないしは，普通の学校でも「オープンスペース」と言われるところを中心に，ドリル，図書，ビデオ，コンピュータ，工作材料などの学習材を常時設置して，授業時間やクラスの制約もゆるめ，児童・生徒の主体的な学習を促すような教育が見られるようになっている（▶7-1参照）．

　第2は，どのような「課題設定」をするかという問題である．いくら自己学習力といっても，まったく放っておいたのでは，そのような力はつかない．教師が興味深い課題を設定したり，問いかけをしたりして刺激を与えることにより，学習者は学習することのおもしろさや意義を知ることができるのである．特に，探究的な課題や創作的な課題は，高い意欲を引き出しやすい．こうした授業の例は第7章でも紹介する．

　第3は，「学習と思考のスキル」を習得できるような教授方法を導入することである．6-1節(b)でも見たように，どのような学習方法をとるかということには，かなりの個人差があり，それが学業成績にも影響を及ぼしていると考えられる．特に，基本的な学習方法を身につけていないために，自立的な学習が進められず，仮に時間をかけて勉強しても学力の向上に結びつかず意欲を失ってしまうことは少なくない．しかし，今の学校教育では，学習技能が直接教えられることはほとんどないといってよいだろう．

　学習技能については，古くから提案されているさまざまな訓練方法がある．たとえば，ロビンソン(F. P. Robinson)の**SQ3R法**は，本の読み方，覚え方

6-3 問答法を行なう知的 CAI システム

認知心理学者であるコリンズは，ソクラテス式問答法のルールをプロダクションルールの形で表現し，のちに WHY という知的 CAI（人工知能の技術を利用した高度な CAI）をつくりあげている．このルールとは，たとえば次のようなものである．

> ルール 6：要因が欠落していたら，一般化された法則を提示してみよ
> IF 学習者が 1 つの要因をあげたが，十分でない．
> THEN その要因を十分条件とするような一般法則をつくって，生徒にその真偽の判断を求めよ．
> 使用の理由 生徒に，他の要因にも着目させるため．
> 例 生徒が「中国で米が育つ理由」として「水の存在」をあげたなら，「あなたは，水があれば米が育つと考えているのですか」と質問せよ．

こうしたルールを使って，WHY と生徒の会話は次のように進行していく (Stevens & Collins, 1977)．

> WHY アマゾンの雨量は多いと思いますか．少ないと思いますか．
> 　　　（ルール 1: 特定の事例について推測させよ）
> 生徒　多い．
> WHY なぜ，アマゾンの雨量は多いのでしょうか．
> 　　　（ルール 2: 理由を質問せよ）
> 生徒　大西洋に近いから．
> WHY 確かに，アマゾンは大西洋に近いです．そのことが，アマゾンの雨量にどう影響するのですか．
> 　　　（ルール 3: 中間的な理由を質問せよ）
> 生徒　海流が温かいから．
> 　　　……

についての効果的な学習法として，1940年代に提唱されたもので，

　　Survey　　　見出しや要約を呼んで，内容全体を概観する．
　　Question　　見出しをもとに，自分で問題を設定する．
　　Read　　　　問題に答えることを意図しながら，内容を読む．
　　Recite　　　問題に対する答を，文章を見ずに復唱してみる．うまく言えなければもう一度読む．
　　Review　　　見出しや要点がどのようなことであったか，相互の関連はどうであるか復習する．ノートや本を見ずにどれだけ思い出せるか確認する．

というステップを踏むことを推奨する．こうした学習方法が有効なことは，実験でもある程度確かめられているが，3-2 節や 4-2 節で解説したような人間の認知的なメカニズム(処理水準，知識の構造化など)から考えても，有効性は推察できるだろう．

　思考のスキルの訓練の 1 つとしては，コリンズ(A. Collins)の提案した**ソクラテス式問答法**がある．これは，ソクラテスの問答のしかたになぞらえて，教師が学習者の知識の不完全さを指摘していくのである．問いの出し方は，24 のルールにまとめられている(▣ 6-3)．これは学習者自身がそうした問いを自ら発するようになり，自問自答の形で自己学習が進んでいくことをねらったものである．5-2 節(c)で紹介したシェーンフェルトの数学的問題解決における指導と同様，メタ認知を促し，自ら思考を方向づけるのに役立つことが期待される．

▷ 第 6 章のまとめ ◁

6-1　学習の個人差に関しては，個人に備わった属性(知能，性格など)に基づくものとしてとらえる見方と，学習者の置かれた状況に着目する見方とがある．

6-2　学習についての考え方や，とっている学習の方法については大きな個人差があり，学業成績や学習意欲との関連も強い．

6-3　どのような教育方法が有効かは，学習者特性によって変わってくることを，適性

6 個に応じた教育と自己学習力

処遇交互作用といい,個に応じた教育方法をとるための基礎的知見となる.ただし,結果の信頼性の問題や,実際のクラス編成にともなう技術的・理念的問題がある.

6-4 個別学習には,集団での授業とは異なる利点がある.学習者のレベルやペースに応じられること,学習者が誤りを開示しやすいこと,教師との人間関係が密になることなどが,例としてあげられる.

6-5 学習者のメタ認知を促し,自己学習力を育てることが,近年特に強調されている.オープンスクールのような自発的な学習を支援する環境をつくることや,学習と思考のスキルを積極的に教育の中にとり入れていくことなどが実践されている.

キーワード

個人差　知能　知能検査　精神年齢　知能指数　因子分析
個人的学習理論　個人的教授理論　学習技能　学習観
適性処遇交互作用(ATI)　個別学習指導　認知カウンセリング
自己学習力　メタ認知
オープンスクール　SQ3R法　ソクラテス式問答法

▷ 演習問題

6-1 知能の発達や測定法について,本書の解説を補う意味で,さまざまな概論書,専門書を調べてみよう.また,学習の診断のために使われる検査として,知能検査以外にもどのようなものがあるだろうか(心理検査のカタログも参考になる).

6-2 家庭教師など,個別指導の経験の中から,学業成績の良くない子どもにどのような学習技能が必要だと思うかを,教科ごとにまとめてみよう.また,どの教科にも共通するような問題点があれば,あげてみよう.それらは,心理学的観点からいうと,どのような問題といえるだろうか.

6-3 自己学習力は,教育界でも,「自己教育力」「学び方学習」「自己評価」などというキーワードで盛んに強調されている.教育雑誌の実践の紹介と,読書案内にあげた波多野(1980)のような心理学的視点からまとめられた書物をつきあわせて,各自が新しい実践のありかたを提案してみよう.

7 授業と学級の
はたらき

現代の教育の中で，学校というのは大きな役割を果たしている．学校の授業で学ぶということは，どのような意義をもっているのだろうか．効果的な授業を行なうためには，どのような要因を考慮に入れなくてはならないかを，ここでは「授業設計」の観点から整理する．さらに，学校という環境の中での人間関係が学習者に及ぼす影響について考える．

7　授業と学級のはたらき

　学習は，個々人において成立するものであると同時に，他者との関わりにおいて成立するものでもある．特に，「教育」とは，教育者側が学習者に望ましい学習を引き起こすようにはたらきかける営みである．直接その役割を担っているのが，学校では「教師」であり，その場が「授業」ということになる．

　本書では，これまで主として個人を基礎において学習のしくみをとらえてきたが，この章では，学校教育を念頭において，「授業とはどういう活動であるのか」，「教師はどのような役割を担っているのか」，「学級において教師や生徒はどのように関係し合っているのか」という問題を考えていこう．

7-1 授業をどう見るか

(a) 教師主導型授業と学習者中心型授業

　「授業」あるいはもっと広く「教育」とはどのようなものであるかについては，教師と学習者とどちらが主導権をもっているかという観点から，2つの考え方に分けることができる．つまり，「教師主導型」と「学習者中心型」である．まず，それぞれの典型的なあり方とその背景を概観しておこう．

　教師主導型の授業では，教える側の作成したカリキュラムに沿って授業が進行する．その内容は，学問体系や社会の動向に基づいて大きな枠組みが決められ，さらに教科書や指導方法・教材が教師によって準備される．学習者に求められることは，基本的には，知識・技能の習得であり，いかにそれを定着させることができるかが教師の力量ということになる．もともと産業革命以降，近代学校が成立した背景には，**リテラシー**(読み書きや計算など，生活や仕事の上で必須の基本的能力)を備えた市民を育てるという社会的，国家的な目的があった．明治維新後の日本の学校教育も同様であるし，1970年代にアメリカを中心に起こった「Back to Basics」という教育運動も，教師主導のリテラシー育成教育という考え方が基礎にある．

　一方，学習者中心型の授業では，学習者の主体的な興味，関心，要求を最大限尊重する．いわゆる**児童中心主義**と呼ばれる教育思想は，ルソー，ペスタロ

ッチ，フレーベル，デューイなど，古くから見ることができる．そこでは，教師は学習者を援助（支援）する役割とされる．欧米では，19世紀末から20世紀半ばにかけての「進歩主義教育」や「新教育運動」，わが国では「大正自由教育」や「戦後新教育」，さらに最近の「教育の個性化」というスローガンもこの流れにあると見てよいだろう．**オープンスクール**（ 7-1）や，高等学校に導入されつつある「総合科」では，こうした考え方を生かした教育がめざされている．

しかし，両者の考え方はまったく質的に異なるものなのかどうかを，もう少し考えてみよう．教育という状況を，

(1) 教育目標の設定
(2) 具体的な学習課題の設定
(3) 課題遂行方法の選択と実施
(4) 結果の評価

という過程に分けて考えてみる．教師主導型，学習者中心型といっても，すべての授業がどちらかに二分されるわけではなく，上記の4つの過程のどれを教師が行ない，どれを学習者が行なうかということで，かなりバリエーションが

7-1

オープンスクール

1960年代以降，イギリスを中心に，伝統的な学校の授業の枠組みをとり払って，より自由で開かれた教育をめざす動きが現れ，こうした学校を**オープンスクール**と呼んでいる．たとえば，教室のしきりをなくしたり，時間割の設定をゆるやかにしたりして，子どもたちが学習材を利用しながら能動的な学習活動を行なえるような環境をつくっている．さらに，子どもたちの地域活動への参加や，地域住民の教育活動への参加というように，人間的な交流という意味でも学校を開放的にしていこうという試みがなされている．わが国では，愛知県の緒川小学校がよく知られているが，数としてはけっして多くない．

あることがわかる．また，それぞれの過程についても，どの程度教師と学習者が決定するかは，連続的に変化するものである．

とりわけ注意しなくてはならないのは，どのような授業でも，何らかの意味で教師は価値観をもち，「教育目標の設定」を行なっているということである．たとえば，学習者の意思を尊重しているという授業でも（だからこそ），教師は教育目標として，「具体的な課題やテーマを自分で設定する力を育てること」，「自分で解決方法を模索すること」，「課題を決めたら最後まで積極的にとりくむこと」というような高次の目標を意識的，あるいは無意識的に設定しているのである．場合によっては，「どのような課題を選ぶか」「どのような遂行方法をとるか」というようなことが，教師の価値観によって暗黙裡に方向づけられていることがある．

教師の期待が「潜在カリキュラム」(7-2 節 (c) 参照) の１つの要因として，学習者をコントロールすることはしばしば生じる．言葉の上で，あるいは意識の上で，「学習者中心の授業をしている」ということは，善意であるがためにむしろ問題を引き起こす場合もある．教師側としては，自らがどのような教育目標（学校教育現場では，「ねらい」「ねがい」「めあて」などと呼ばれる）を据えているのかを，自覚的にとらえ，さらにそれを相対化した上で授業を組み立てることが望まれるのである

(b) なぜ「学校」なのか，なぜ「授業」なのか

上記のような観点を踏まえて，「授業とは」「学校とは」「教育とは」という問題を整理しておこう．私たちは，学校がなくても，生活の中での経験からいろいろなことを学べる．また，職業上必要な知識や技能は，実際にその職場で学んでいけばよい．すると，なぜ学校が必要なのだろうか．これに関しては，２つの側面から答えることができる．

１つ目は常識的な答であるが，「将来への準備のための機関として」ということである．実際，生活や職業の内容が複雑化・高度化するにつれて，高いリテラシー能力が要求されるのは避けられなくなってきている．また，職業選択

の自由が拡大してくると，自分の適性を発見するためには，学校でさまざまな分野の学習を経験してみることも必要になる．そのため，就学年限は時代とともに長くなる傾向にあり，しかも，効率性を要求されるようになっている．こうした準備，適応のための教育がしばしば教師主導で進められ，学習の過程で学習者にとって意義が見えにくくなるのは，学校教育の抱える深刻な問題である．しかし，「必要になったときに学べばよい」というのではなかなか対処できないほど，現代人に要求される能力が高くなってしまい，それを養成する機関としての「学校」や，専門家集団としての「教師」が必要になってきたことも事実なのである．

　学校の機能としてもう1つ挙げられるのは，「直接的な経験を越えた学びの機会を提供する」ということである．第4～5章では，私たちの知識がさまざまな誤概念やバグをもっていることを見てきた．稲垣・波多野(1989)が指摘するように，私たちが日常的な経験から学ぶときには，「なぜそのようにするのか」という概念的な理解よりも，「とにかくうまくいくやり方に習熟する」ということが優先される場合が多い．科学的な概念に基づいて，世界を理解し直すというような学習は，そうした素養を身につけた教師がいなければなかなか成立しにくいのである．あるいは，地理，歴史，古典，芸術などを通じて，人間，社会，文化というものについて深く考えるというような学習も，生活と仕事の場だけからは生じにくい．

　「訓練」と「教養」に代表されるような，こうした2つの側面が学校という組織には内在している．これらをどう統合していくかというのは，実際には非常に難しい問題であり，教師や生徒の教育観もさまざまであるので，すれ違いを生む原因ともなっている．

　さらに次の問題として，通常の授業で行なわれるような，教師と生徒集団による学習という形態には，どのような意義があるのかをまとめたい．一口に「集団学習」と言っても，次のような3つのタイプを考えることができるだろう．

　(1)　**同時遂行型**　各自の個人的課題を，たまたま一緒に遂行するというタ

7-2 比喩でとらえた授業イメージ

秋田(1995)は,「授業は,○○のようだ.なぜなら……だから」というような比喩を作らせることによって,「授業」「教師」「教えること」などに対して教師や学生がもっているイメージをとらえる研究を行なっている.

授業というものに関しては,

「コピーをとることのようだ.先生のもっている知識を生徒に移すから.」

「映画のようだ.スクリーンで一方的に物語がすすんでいくから.」

というような,一方向的な知識伝達の場としてとらえる見方がある一方,

「粘土でつくっていく作品のようだ.何もないところから皆の力で作り上げられているから.」

「チームプレーのゲームのようだ.1人1人が力を出し合い,響き合いながらより高まる.また,その場その場での判断がすぐ必要.」

というように,共同して作り上げていくものという回答もある.大まかな傾向としては,学生や新任の教師は,知識伝達的な比喩が多いのに対して,中堅・熟練教師になると共同してつくるという認識が高くなるという.また,小学校の教師よりも,中学・高校の教師のほうが,知識伝達的な比喩を出す割合が高い.

さらに次のように,教師自身が学ぶ場として授業をとらえるものがある.

「鏡のようだ.子どもから学ぶことのほうが多いから.」

「自己改革のようだ.生徒と触れ合うことで,知らなかった自分がどんどん現れてくる.」

「人生勉強のようだ.生徒の前で間違えるのも,それはそれで勉強になる.」

こうしたタイプの比喩は,中学・高校よりは小学校教師で高い傾向がある.秋田は,こうした結果は,わが国の初等教育と中等教育のあり方の反映ではないかとしている.

イプ．たとえば，教師が同じ知識を伝達するのが目的ならば，学習者を集めて一斉授業で講義したほうが効率は良いことになる．ただし，ともに学ぶ楽しさを味わったり，集団としてのルールを学ぶというような社会的な意義もある．

(2) **協同達成型**　全体的な目標に向かって，各自が役割を担って遂行するというタイプの集団学習．協同的な問題解決学習，協同制作，合唱や合奏，行事の企画と実行などが含まれる．それぞれが考えを出し合って調整すること，責任をもって役割を果たすこと，協同達成の喜びなどを学ぶことができる．

(3) **相互啓発型**　目標，課題，意見などがそれぞれ異なっているが，それらをもちよって深め合う機会としての集団学習．たとえば，研究発表，討論形式の授業などで，必ずしも全体として何かを達成するのではなく，意見を述べ合ったり，相互評価することを通じて，それぞれが成果をもちかえることができる．

このように，集団学習では，学校や学級に集まっていっしょに学ぶということには，個別学習によって知識・技能を獲得するというのとは異なる意義がある．逆に言えば，こうしたねらいをもたないならば，集団での学習の意義は半減し，すべて放送教育，ビデオ教材，CAI，個別学習指導などに置き換えられることにもなってしまうのである．

(c) **授業を設計する**

授業設計（または，**教授設計** instructional design）というのは，「教育目標を効率的に実現するための**教育システムの最適化**」という教育工学的な発想から近年出てきた考え方であり，ややもすると教師主導型授業のためのテクニックのような印象をもたれることがある．しかし，授業を総合的かつ分析的に見る枠組みとしても役立つものといえるだろう．

授業を映画にたとえれば，教師は自ら役者の1人であると同時に，シナリオライターでもあり，監督でもある．「授業は筋書きのないドラマである」とか

7　授業と学級のはたらき

「授業は1回限りの再現性のない営みである」という言葉があり，それらは確かに授業のある面をとらえている．しかし，授業設計ではこうした立場はとらない．アドリブが入ったり，臨機応変の処置がはいることがあっても，教育目標の達成に向けての計画化された活動であり，手法の開発や効果の検討によって改善されていく反復的な事象と考えるのである．

　ここでは，授業設計の手順に沿って，「教師がどのようなことを考えに入れながら授業を構成していくか」，「どのような手法が考案されているか」，「教育心理学的な視点から見た時に留意すべき点は何か」といったことをまとめていこう．

(1) 教育目標の設定と明確化

　教育には，「学習者にどうなってほしいか」という目標が必ず存在することはすでに述べたとおりである．授業設計では，その目標を明確化し，できるだけ具体的な**行動目標**の形で表現することが推奨される．「クロールで25m泳ぐことができる」，「繰り上がりのない2桁どうしの足し算ができる」などがその例である．こうした方針は，行動主義的な考え方(3-1節参照)が背景にあり，学習者の到達した状態を明らかにするとともに，授業の効果測定を厳密に行なうという姿勢の現れといえる．

(2) 学習者の能力の診断

　学習前にどれくらいの予備知識や技能を獲得しているかということは，学習方法を考える上で欠かせない情報である．従来，**レディネス**(ある学習をするための準備状態)と呼ばれていたものを，**事前的評価**(8-2節(a)参照)として正確に把握する．また，知能，性格などの学習者特性も，適性処遇交互作用(6-2節(a)参照)のような個に応じた教育方法をとるために必要な情報であるので，把握しておくことが望ましい．

(3) 教育内容の構造化と系列化

　細かく設定した目標や課題の関連を明らかにし，時間的にどのように配列して授業を実施するかを決定する．ここでは，手作業を補助するようなさまざまの手法が開発されている．4-2節(d)で紹介したISMには，項目を箇条書きに

して部分的な関連づけを行なうと，コンピュータが全体の構造チャートを作成する手法が含まれている．その出力結果を参照しながら修正を繰り返して構造をつくりあげることができる．また，「系列化法」は，どちらの事項を先に学習するべきかをデータとして作成すると，すべての事項を1次元的に並べかえて教授順序を示してくれる手法である．

(4) 教授メディアの選択

教科書，黒板，教具，ドリルなどの伝統的なものから，オーバーヘッド・プロジェクタ(OHP)，ビデオ，レーザーディスク，コンピュータのような新しい機器に至るまで，使える可能性のある教育メディアの特性を理解し，最適な利用をはかる．最近はコンピュータが普及し，教育用ソフトウェアも充実して，教師の提示・演示，学習者の道具，個別学習などのためのために利用方法が模索されているところである．特に，画像情報，音声情報，文字情報などを統合的に処理できるマルチメディア機能(図7-1)と，世界中と手軽に通信できるコンピュータネットワークが，教育でどのように活かされるかが注目されている

図7-1 マルチメディアのデータベース．写真や動画のはいった図鑑から，子どもたちが情報を引き出して編集したり，発表したりすることができるものもある(写真提供：財団法人コンピュータ教育開発センター)

(5) 授業のプランニング

実際の1つの授業を，どのようなスタイルで，どのようなスケジュールで実施するかの計画を立てる．従来，「指導案の作成」と言われてきたところである．とりわけ重要なのは，学習者の興味や関心を考慮して，いかに動機づけを高めていくかという点であろう．単調な講義中心の授業にならないように，協同達成型や相互啓発型の集団学習の要素を取り入れる工夫も必要である．発見学習，仮説実験授業(◢7-3)のように，学習者が能動的に参加できる授業がこれまでにも多く考案されているので，それらをレパートリーとして加えられるとよいだろう．

(6) 学習者の評価とフィードバック

授業の途中，もしくは，ひとまとまりの授業が終了したら学習者を評価して，学習者自身にも結果をフィードバックすることになる．評価については第8章であらためて詳しくとりあげるが，必ずしも「テスト」という形態をとらなくても，教師は生徒と接する中で，さまざまな評価的活動を行なっていることに注意しなくてはならない．それらについては，学習者が次の学習へ向けての情報として生かせるようなものとなっているかどうかを，点検してみる必要がある．

以上述べたような授業設計の考え方は，明快ではあるが，やや窮屈な印象をもたれたかもしれない．実際，行動目標の設定，学力の診断や評価，授業の計画などを綿密に行ないすぎると，完全に教師主導型で，融通のきかない授業となってしまう危険は存在している．教育においては，長期的に達成される目標や，行動によって測定しにくい目標も多いことはいうまでもない．

そこで，授業設計とは対極的とも思われる「教育の大雑把な原則さえわかっていればよい」という立場も，一方では忘れないようにしたい．その原則とは，たとえば「教師の役割は1人1人の学習者のもっている良さを認めて，最大限に引き出すことである」とか「授業で大切なのは，学習者が本気になってとりくめるような状況や文脈をいかに設定するかということにつきる」などという

7-3 発見学習と仮説実験授業

発見学習 (discovery learning) は，1960年代初頭にブルーナー (J. S. Bruner) によって提唱された．この学習方法では，教師が体系化された知識を教えるのではなく，生徒が現象を説明できるような科学的説明を主体的に見出していくことをねらう．その過程は，(1) 課題の把握，(2) 仮説の設定，(3) 仮説の精緻化，(4) 実験による仮説の検証，(5) 発展とまとめ，から成っている．たとえば，鉄をバーナーで焼くと表面だけが黒くなるが，それはなぜか，黒いものは何かというようなことを考察していくのである．

発見学習には，「時間と手間がかかりすぎる」，「学習者のかなり高度な仮説設定，仮説検証の能力が前提となる」などの批判がなされることもあるが，ブルーナー自身は，

(1) 問題を発展させる能力や態度が形成される
(2) 外発的動機づけから，内発的動機づけへの移行が見られる
(3) 発見のための一般的方略が学習される
(4) 学習内容の関連づけによって記憶が促進される

というような長所を主張しており，こうした考え方は大きな影響を与えている．

わが国でも，科学者の活動を追体験するような授業の方法が，板倉 (1966) によって提案され，**仮説実験授業**と呼ばれている．図7-2のように，「次のような実験をしたらどうなるか」という問題が出され，生徒はまず予想選択肢の中から自分が正しいと思うものを選び，教師は解答の度数分布を集計し板書する．その後，生徒たちは，なぜ自分の答が正しいのかという討論を展開するのである．討論の途中で，予想を変えてもさしつかえない．こうして討論がひとわたり終わったところで，実際に実験を行なって検証する．仮説実験授業については7-2節 (c) であらためて触れるが，討論による仮説演繹的な思考の練りあげと，実験的検証の態度が育つことが期待されている．

7 授業と学級のはたらき

> はじめに，コップの中に水をいれて，その中に氷をうかべて重さをはかります．
> それからしばらくしたら，氷がすっかりとけて水になります．そのとき，もういちど重さをはかったらどうなるでしょう．
>
> 予　想
> （ア）とけるまえより重くなる．
> （イ）とけるまえよりかるくなる．
> （ウ）とけるまえとかわらない．

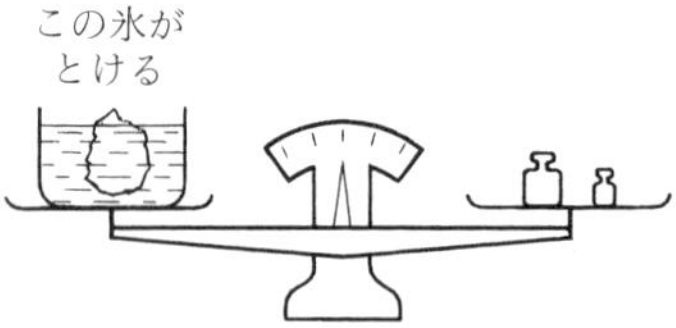

図7-2　仮説実験授業における問題の例（板倉，1966）

ものである．こうした原則に裏打ちされてこそ，授業の技法や計画も生きてくるのである．

7-2 教室での人間関係

(a) 教師は生徒をどう見るか

　教師は授業や日常的な触れ合いを通じて，個々の生徒に対してさまざまの見方をし，それがまた生徒に影響を与えている．教師が生徒をどのような見方で見ているかについては，まだあまり多くの研究がなされていない．一般には，優れた教師は，授業中のやりとりやテストの成績をバラバラにとらえるのではなく，学習者の成長を全人格的にとらえていると言われる．つまり，個々の生徒にどのような学習が成立したのか，それがその生徒にとってどのような意味をもっているのかを把握しながら，教授行動や人間関係作りに生かせるということである．

　しかし，それは単に長年教師を務めていればできるというわけではない．むしろ「授業なり学級なりを運営する」といった教師特有の役割にひきずられて，児童・生徒に対して固定的な観点からしか見られなくなってしまう場合も少な

くないのである．たとえば，「能力が高いかどうか」「やる気があるかどうか」「指示やきまりを守れるかどうか」という3つの次元は，教師にとって「教えやすさ」に直接関わるものであるが，こうした観点だけから学習者をとらえてしまい，学習者を多面的に見たり，共感的に理解することができなくなってしまうこともある．

　教師が学習者をどう見ているかということは，知らず知らずのうちに，学習者に大きな影響を与えることに注意したい．**ピグマリオン効果**は，教師の期待が実現化してしまう例としてよく引き合いに出される．ローゼンサールとジェイコブソン(Rosenthal & Jacobson, 1968)は，ランダムに生徒を選び，「心理学的なテストの結果に基づけば，これらの生徒は能力が著しく向上する」と教師に告げたのである．すると，学年の終わりには，実際にそれらの生徒の知的能力が，他の生徒よりも高まっていたという実験結果を得た(「ピグマリオン」とは，ギリシャ神話に出てくる王の名前で，彫刻の美女を人間のように愛しているのを，神が見て哀れに思い，彫刻を人間にしてやったという)．

　その後の追試では，この結果は必ずしも一貫して再現されていないが，教育界には大きな衝撃を与えることとなった．教師は，自分自身の思い込みや，他者からの情報によって，よくできる生徒だと信じると，無意識的に挑戦的な課題を出したり，十分考える時間を与えたり，ていねいに説明したり，ミスに対して寛容になったりする．生徒を否定的に見てしまった場合には，その逆のことが起きやすい．教師のこのような態度が，学習意欲や学業成績に影響を与えることは，大いに考えられる．アメリカでは，人種に対する教師の偏見が，学力の低下を招いてしまう可能性があるとして問題にされたが，教師の先入観が自己成就的な予言となってしまうことは，他にもさまざまな場合にありうることといえるだろう．

(b)　**教師と生徒のミスマッチ**

　教師は何らかの意味で教育目標を設定し，それを実現しようと授業や学級を運営していることは，7-1節(a)でも述べたとおりである．それが，学習者の

7 授業と学級のはたらき

あり方や考え方とずれている場合，ミスマッチがあると言われる．教師と生徒のミスマッチは，生徒に「居心地の悪さ」を感じさせ，ひいては学習意欲を低下させ，学校に対する不適応の原因ともなる．近藤(1992)は，学校における不適応の問題を扱う「学校臨床学」の立場から，次のように述べている．

> ミスマッチが起こる領域は，子どもと教師の関係ももちろんあるし，子どもとその子どもが属している学級集団のもっている雰囲気とか行動規範とかいうものとのミスマッチもある．極端な例をいえば，たとえば非常に神経質な子どもで登校拒否に陥りやすい行動特性をもった子どもの場合，同じように神経質な教師との間では，お互いにその神経質な部分を了解し合えるので，子どもは学校に行けている．ところがすごくたくましい，一般的に言えば「いい先生」という感じの教師のクラスになったときに，とてもその力強さについていけないという感じではじき出されてしまう場合もある． (近藤, 1992, p. 50)

近藤(1992, 1994)は特に，「このような子どもであってほしい」という，教師の「理想の子ども像」と個々の子どもとのズレが，**スクールモラール**(生徒が学校に対して抱く帰属感，愛着，親しみなど)に与える影響を，さまざまなクラスにおいて検討している．たとえば，ある小学校教師は，ものごとを自立的に探究していく姿勢に強く価値を置いている．理科の授業を中心に，いわゆる自己学習，自己追究，自己表現，自己実現という視点から授業や学級経営を行なっている．この教師に，「教師内地位指数」として，1人1人の児童が理想の子ども像にどれくらい近いかの順位をつけてもらう．一方，児童自身へもアンケートを行なって，スクールモラールを測定する．図7-3に示されるように，両者には高い相関があり，教師内地位指数が低い児童ほど，クラスでの「いづらさ」を感じているようすが見て取れる．

どのような授業が好ましいかという，授業の内容や方法についても，生徒と教師のミスマッチはしばしば生じる．尾城と市川(1994)は，高校の数学について，生徒と教師に「授業観」の質問紙調査を行ない，因子分析によって「専門志向因子」(高度な数学的スキルや理解をめざす)，「教養志向因子」(わかりやすい，楽しい数学を求める)，「演習志向因子」(定型的な問題練習による習熟をはかる)という3つの次元を見出した．専門志向因子については，生徒の期待と

7-2 教室での人間関係

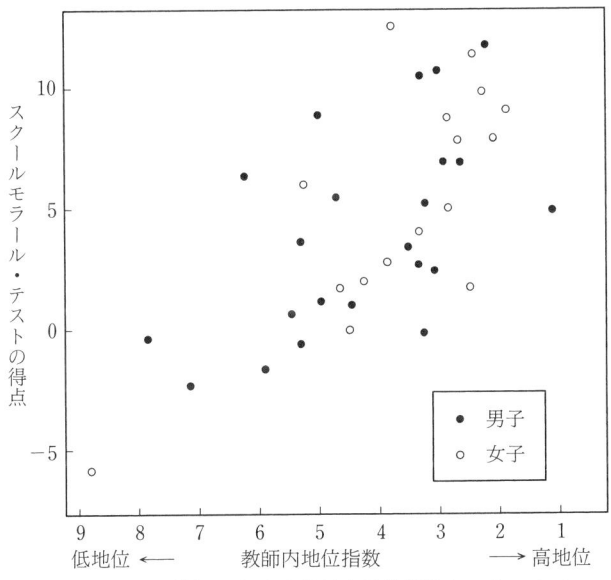

図7-3 ある学級における教師内地位指数とスクールモラールとの相関関係(近藤,1994)

教師の意向がおおむね一致しており,生徒の学力の高低とかなり対応している.しかし,教養志向因子や演習志向因子については,教師は非常に極端な志向をもちやすく,しかもそれは生徒の分布とはかなりずれている場合があることが見出された.

こうした場合,教師が自分の理想とする授業を情熱をもって行なったとしても,生徒には教師の意図がなかなか伝わりにくいだろう.だからといって,安易に生徒の要求に合わせた授業をすればよいというのではなく,「教師は自分の考えを明示的に伝える努力をし,生徒の授業観・学習観を揺さぶるようなことがあってもよいのではないだろうか」と尾城らは述べている.この研究では調査後に,3因子の得点結果を生徒それぞれにフィードバックして,自分自身の授業観をみつめ直す契機としている.それまで漠然と考えていた自分の授業観や学習観を自覚して,理解や納得感を重視した学習の構えをもとうとする傾向が,生徒の感想には多く見られたという.

(c) 学級の風土とそのあり方

　集団で学ぶということの意義の1つとして，7-1節(b)では「相互啓発型」の授業が行なえることをあげた．仮説実験授業(◥7-3)は，このような「集団を生かした授業」の好例である．仮説実験授業の楽しさはどこからくるかといえば，自らの考えをもち，それをコミュニケーションによってねりあげていくこと，そして，最後に実験事実によって確かめるという緊張感にあると思われる．たとえば，次のような子どもの感想にその特徴が端的に表れている．

> 前の理科の勉強よりもやりやすくなって，理科の勉強が楽しみになった．ほかの課題もやりたい．自分の気持ちが話しやすくなり，ひっこみ思案でなくなった．仮説を述べて話し合うのはおもしろい．2時間続けてもいやにならない．予想などたてる前はドキドキして，次にどんな問題がでるか楽しみになる．実験する前は，正しい判決がどう決まるか，はやる気持ちはおさえられない．実験するとき，自分の思ったとおりだったらうれしい．ちがうと，もう一度考えてみようという気になる．まちがった，というだけで終わらない．
> 　　　　　　　　　　　　　　　　　　　　　　　　　(西村，1974, p. 147)

　もちろん，仮説実験授業のようなタイプの授業がうまく成立するための心理的な条件も忘れてはならない．近年，「教育社会心理学」と呼ばれる領域では，学校，学級における教師と生徒，あるいは生徒間の人間関係や集団規範が研究されるようになってきている．**集団規範**(group norm)とは，ある集団において，暗黙的に守ることを要請されるルールである．より広くとれば，その集団で何が奨励され，何をするとまずいかという価値観に基づく方向づけといってもよいだろう．学校教育の領域では，とくに**潜在カリキュラム**(hidden curriculum)という用語で，学校において習得すべき行動様式への暗黙の方向づけが指摘されてきた．もし，「生徒は教師の話す内容をよく聞いて，それを覚え込むことが大切である」とか「授業の中で間違いをすることは，教師や他の生徒に対して恥ずかしいことである」というような雰囲気の学級であれば，いきなり仮説実験授業を行なってもスムーズに展開しにくいことは容易に想像がつく．ただし逆に，仮説実験授業を導入することによって，学習観，授業観や，学級の風土を変えていくこともできるのである．

授業に限らず，学校に対する態度には，生徒どうしの価値観の共有や人間関係が大きな影響を与えている．近藤(1992, 1994)は，教師と児童のミスマッチが起きても，生徒のスクールモラールが必ずしも低くならない学級の例を紹介している．そのクラスは，教師の価値観によって一元化されておらず，友人グループが教室での居心地のよさを保つはたらきをしているらしいという．これは，学級集団が個人を支えている例といえるだろう．しかし一方，最近は「いじめ」や「登校拒否」がクローズアップされ，子ども間の人間関係の問題と，教師がそれをいかに把握して対処するべきかが議論されている．これらは，個人が集団からはじきだされてしまった，あるいは，特定の個人にそうした役割を与えることによって維持されているような集団となってしまった，歪んだ例といえるだろう．このような問題の解決には，問題となった個人の属性のみに原因を求めるのではなく，その個人を含む人間的環境のあり方を診断する視点が不可欠である．

▷ 第7章のまとめ ◁

7-1　教師主導型の授業では，教師が教育目標を設定し，作成したカリキュラムに沿って授業を進行する．一方，学習者中心型の授業では，学習者の主体的な興味・関心・要求を最大限尊重し，比較的自由な学習活動形態をとる．ただし，実際には，単純に二分できるものではなく，どのような授業でも教師の目標は存在し，学習者を方向づけている．

7-2　学校は，将来への準備のための機関として必要であると同時に，直接的な経験を越えた学びの機会を提供する場でもある．また，集団で学習することには，協同達成や相互啓発という意義がある．

7-3　授業設計(教授設計)は，教育目標を効率的に実現するために教育システムを最適化するという発想から出てきた考え方であるが，授業を総合的，かつ分析的に見る枠組みとしても役立つ．ただし，個々の技法にとらわれて，完全に教師のプログラムに沿った授業となってしまわないような，柔軟な姿勢が必要である．

7-4　教師の先入観，期待，価値観などが，無意識的に生徒に対する態度や行動を変化させ，学習者に影響を与えることがある．ピグマリオン効果や潜在カリキュラムは，

こうした暗黙的な方向づけの例である．

7-5 生徒が形成する学習集団の雰囲気や文化も，潜在カリキュラムとして学習行動に影響を与えている．いじめや登校拒否の問題も，個人の属性の問題としてだけではなく，学級・学校が場としてもっている問題としてとらえる必要がある．

キーワード

教師主導型授業　リテラシー　学習者中心型授業　児童中心主義
オープンスクール　授業設計(教授設計)　教育目標の明確化
レディネス　事前的評価　教育内容の構造化・系列化
教授メディア　発見学習　仮説実験授業
ピグマリオン効果　教師と生徒のミスマッチ　スクールモラール
集団規範　潜在カリキュラム

▷ 演習問題

7-1 教師主導型と学習者中心型の授業の長所・短所を，動機づけ，知識獲得などの心理学的側面から整理してみよう．また，その短所を克服するためには，どのような方策が考えられるだろうか．

7-2 学校の授業を見学して，授業設計の各段階に沿って，どのような工夫がなされているかを観察してみよう．指導案に明示的に現れていない部分については質問し，大きな流れの中での指導の方針や方法をつかむようにするとよいだろう．

7-3 人間関係が学習を支えている例をいろいろあげて，学校教育の中にそれを生かすために教師はどのようなことをしたらよいか，考えてみよう．

8

教育における測定と評価

教育では，学習者の特性を測定したり，教育目標が達成されたかどうかの評価を行なうことが多い．評価は，もともと学習者が自らの学習を見つめ直し，教師が授業の改善をはかるための情報と考えられる．しかし現実には，評価することがかえって学習行動に好ましくない影響を与えることも起きてしまう．ここでは，評価の目的と方法をまとめた上で，評価が学習者に与える心理的影響を考える．

8-1 測定と評価

(a) 心理測定と信頼性・妥当性

　教育心理学は，教育場面における測定や評価を1つの大きな研究領域としている．**測定**(measurement)とは，対象の状態の記述であるが，とりわけ対象のもつ何らかの特性に対して数量的な表現を与えることをさして用いられる．心理測定は，近代的な心理学が科学として出発する際に，もっとも基本的な方法論として発達してきた．そして，知能，性格，学力など，心理学での測定の重要な部分が教育に関わっている．ただし，具体的にさまざまな心理テストや統計的手法についての解説は本書では割愛せざるを得ないので，ぜひ他の書物を参照していただきたい．

　心理や教育の測定では，信頼性と妥当性がよく問題とされる．

　信頼性(reliability)とは，同じ対象について測定をくり返したときに，どれくらい安定した測定値が得られるかということである．理論的に同等ないくつかの定義があるが，わかりやすいのは，「2回測定を行なったときの相関係数」(◤2-1 参照)であろう．しかし，心理テストの場合，現実には練習効果が生じたり，2回実施することが困難だったりする．そこで，1回のテストの中にある項目の統計的特性から，そのテストを2回実施した場合の相関係数を推定する方法がしばしば使われる．

　妥当性(validity)とは，測定しようとする属性を測っているかどうかに関する概念である．たとえ信頼性の高い(すなわち，安定した)測定値が得られたとしても，それが目的とする量を的確に表現していなくては妥当性が高いとはいえない．妥当性にはいくつかの種類がある．測りたい内容項目から偏りなく抽出された項目からテストが作られているかどうかは，**内容的妥当性**といわれる．また，心理学的構成概念(たとえば，「知能」とか「達成動機」など)を心理テストで測定したとき，その得点が，他のさまざまな心理学的測定値と理論的に妥当な関係があるかどうかを，**構成概念妥当性**という．さらに，入学試験や適性

検査のように，テストが決定や判断の手段となる場合には，目的となる指標との関連の強さによって数量的に妥当性を定義することができる．つまり，入学後の成績とか，就業後の業績などとの相関が高いテストが妥当性が高いことになる．このように何らかの基準となる得点との相関の高さは，**基準関連妥当性**と呼ばれる．

(b) **教育評価とその対象**

一方，**評価**(evaluation)とは，測定と重なる部分もあるが，一般には何らかの価値づけをもった判断を含んでいる．つまり，教育目標に対してどれだけそれが達成できたかとか，ある集団内で能力がどれくらいの位置にあるかというような判断である．目標のある活動には必ず評価が伴うと言っても過言ではない．教育の場合も同様である．ただし，教育事象の場合は，誰が誰を評価するのか，その結果を誰がどのように用いるのかという事情が若干複雑である．

図8-1は，学習者がどのような学習環境の中に埋め込まれているかを表すものであるが，これらすべてが教育においては評価の対象となるのである．そして，だれが評価するのかという評価の主体についても，(1)学習者自身，(2)他

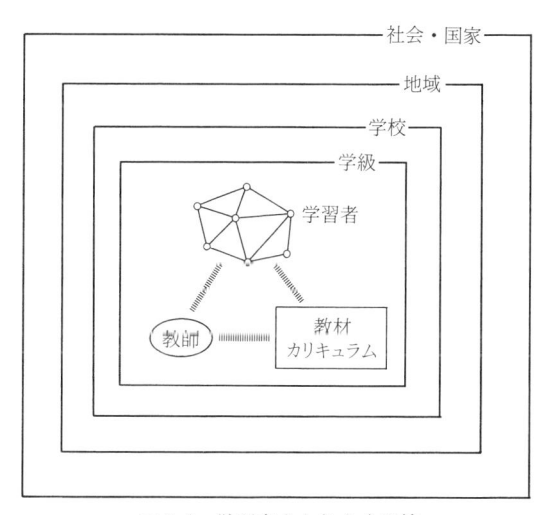

図 8-1 学習者をとりまく環境

の学習者，(3)教師，(4)他の教師(校長などを含む)，(5)保護者，(6)行政機関，(7)研究調査機関など，さまざまの場合がある．通常，教育評価というと，教師が学習者を評価することだけが考えられがちであるが，近年「自己学習力」(6-3節参照)が強調されるにつれ，学習者自身の自己評価が重要視されている．また，教師や授業システム自体も評価される存在であることにも注目しなくてはならない．ただし，本書では，やはり教育心理学において中心的なテーマである，学習者の評価をとりあげることにする．

8-2 学習者をなぜ・どう評価するのか

　学校教育における評価をめぐっては，さまざまな考え方が存在する．梶田(1992)は，その中で両極端ともいえる2つの考え方を強く戒めている．

> 現在の学校教育の現実のあり方に，あるいは教師の暗黙の考え方に潜みがちなのが，評価無用論的な理想主義と汎正解幻想主義的な現実主義である．両者は，タテマエとホンネとして，多くの場合，教師をはじめとする教育関係者1人ひとりの中に共存しているように見受けられるのである．これら2つのうち，評価無用論の方は，無評価の思想に対応し，汎正解幻想の方は一次元的評価の思想と深く関連するものである．　　　(梶田，1992，p.49をやや改変)

　本書でも，教師が学習者を評価することの問題点や危険性に十分注意を払いながら，やはり学習・教育において評価は必要であるという観点から，有効な評価のあり方を考えていきたい．

(a) 評価の役割と2つの原則

　教育評価の主要な目的は，学習者側にとっては自らの学習を改善すること，そして，教育者側にとっては教育システムを改善することといえるだろう．教育活動の進行に沿って考えると，一般に，学習者への評価は次のような3種類の区分が考えられている．第1は，**事前的評価(診断的評価)** と呼ばれるもので，ある教育プログラムの始まる前に，学習者がどのような知識・技能を身につけ

ているかを評価するものである．第2に，教育プログラムが実施されている途中で，学習者がどの程度目標を達成しているかを把握し，指導に生かすための評価で，**形成的評価**と呼ばれる．第3に，教育プログラムが一段落した時点で，全体的な成果を評価するもので，**総括的評価**と呼ばれる．

定期テストや通知票などの総括的評価が，一般には評価の典型と見なされがちであるが，学習の改善という意味では，事前的評価や形成的評価が重要である．とりわけ形成的評価は，教育目標と現在の学習者の達成とを照らし合わせて，教育を軌道修正していくものであるから，教授・学習過程において中核的な役割を果たすものと考えなくてはならない．

ここで，評価の役割に関連して，「評価における一体化の原則」ともいえる2つの重要な点を指摘しておこう．1つは，「教育においては，目標と評価が一体となっていなくてはならない」という「目標と評価の一体化」である．つまり，ある教育目標を掲げるのならば，評価のほうもそれに応じたものになっていなくてはいけないということである．もしこれらが一致していないとどのようなことになるだろうか．たとえば，「自分の考えをきちんと文章に表現すること」という目標を国語で掲げながら，漢字の書き取りや市販テストのみで評価をしてしまうというような場合である．すると学習者は，「どうせ評価してもらえないのなら」ということで作文を書くことなどやめてしまい，実際の評価方法に合わせて学習行動を変えてしまいがちである．これは本節(c)で述べるように，評価が学習を規定してしまう例である．

もう1つは，「評価と指導の一体化」の原則である．評価は学習や教育の改善のためにあると考えるならば，評価が何らかの形で指導に生かされなくてはならない．これは事前的評価や形成的評価においては当然のようであるが，現実には，教師側がテストを行なって点数をつけるだけになってしまったり，生徒側も返されたテストの点数を見るだけだったりして，およそ「テストによって学力を診断して指導に生かす」という機能が果たされていないことも少なくないのである．

総括的評価も，次に始まる教育プログラムから見れば，事前的評価としての

8 教育における測定と評価

意味合いを持っているのであり，やはりその情報を指導に生かすことが考えられてしかるべきであろう．一方，資格試験，入学試験，入社試験のように，能力の証明や選抜の判定資料にすることが主目的の評価もある．しかし，それらも，受験する学習者の学習行動を方向づけ，その成績情報は学習行動や教育システムの改善に用いうるという点で，学習行動に影響を与えるものであることに留意する必要がある．

(b) 評価の方法

では，実際には学校においてどのような評価方法が使われているのか，概観してみよう．梶田(1992)は8つの方法をまとめ，それらの利用法や特徴を整理している．表8-1はその一部であるが，ここから彼は，深いところまで実態を把握できるような評価方法(問答法，観察記録法，レポート法，製作物法など)は客観性の点で問題があり，逆に，客観的な評価方法(標準テスト，教師作成テスト，質問紙法など)は皮相的な面しかとらえられないという傾向があることを指摘している．

評価というのは，公正で客観的でなくてはならないとされている．実際に，歴史的に見れば，評価研究は，より客観的，すなわち誰が行なってもほぼ同一の結果が得られるようなテストを開発する方向で動いてきた．しかし，これは一方では，客観的に評価しやすい側面だけが評価されてしまうという弊害を生

表8-1 さまざまな評価方法の特徴(梶田，1992)

評価方法	発達段階にふさわしい評価方法				各評価側面に適した評価方法				
	幼児	小学校下級生	小学校上級生	中学校以上	興味関心	知識理解	思考力論理力	態度	技能
標準テスト	○	○	◎	◎		◎	○	○	
教師作成テスト		○	◎	◎		◎	○	○	
質問紙法			○	◎	◎			○	
問答法	○	◎	◎	◎	◎	◎	◎		
観察記録法	◎	◎	○	○	○			○	◎
レポート法			○	◎		○	◎	○	○
製作物法	○	○	○	○	◎			○	○

むことにもなっている．たとえば，正解の選択肢を決めておいてマークシートに解答させるようなテストは，コンピュータでも採点できるほど客観的であるが，解答に至るまでの思考過程や，自らの考えを表現する能力を見ることはできない．さらに，こうしたテストで高得点をとることが学習者の目標となってしまえば，思考過程や表現力そのものが学習の中で重視されなくなってしまう恐れがある．

もちろん，こうした弊害が生まれたからといって，客観性をめざした評価方法そのものが全面的に否定されるべきではない．表8-2のように，それぞれの方法の中で，欠点を補うような手立てを考えることはある程度可能である．また，1つの評価方法だけに頼るのではなく，複数の方法を組み合せることによって，総合的な判定が行なえる．高校入試や大学入試においても，客観テストとともに，小論文，面接，作品制作などが併用されるようになっているのはそのためである．また，学習者に対して評価をフィードバックする際にも，点数のような「数量的評価」だけでなく，通知票の所見やテストへのコメントのような形の「記述的評価」を併用することは重要である．

表8-2 評価方法の短所の是正（梶田，1992）

評価方法	短所是正方向	具体的方法例
標準テスト	深い把握	・正答・誤答のパターンから実態を構造的に把握できるように質問構成の構造化を工夫する ・分節化した論文体テストなどを加味する
教師作成テスト	深い把握	（上に同じ）
質問紙法	（深い把握）	・解答パターンから実態を構造的に把握できるように質問構成の構造化を工夫する ・内容分析の枠組みを準備し，自由記述をさせる
問答法	（客観性）	・問題の配列法，正答・誤答の基準をはっきりさせておく
観察記録法	客観性	・観察の要点と評価の基準を明確にする
レポート法	客観性	・評価の観点と基準を明確にしておく
製作物法	客観性	（上に同じ）

(c) 絶対評価と相対評価

評価方法について，もう1つの重要な区分は，絶対評価と相対評価である．**絶対評価**（**目標準拠測定**）は，教育目標をどれくらい達成しているかを個人ごとに評価するもので，**到達度評価**とほぼ同義に使われている．この背景には「行動目標」という考え方（7-1節(c)参照）があり，特に形成的評価には欠かせないものといえる．一方，**相対評価**（**集団準拠測定**）とは，集団（通常は学級）の中での位置を示すものである．わが国では，第2次大戦後長い間，教科ごとに1～5の5段階評定を通知票に記入する方法が，小学校・中学校では一般的であった．これは図8-2のように，生徒の能力が正規分布していることを想定して4つの点で区分し，それぞれの領域の人数を割り当てたものである．また**偏差値**は，平均が50，標準偏差が10になるように変換した値で，

$$\frac{素点 - 平均点}{標準偏差} \times 10 + 50$$

として算出される．これも，それぞれの生徒の集団内の位置を知る指標として，入試の模擬試験などの大規模なテストではしばしば用いられる．

絶対評価と相対評価は，それぞれ異なる側面からの学習者評価であり，長所と短所をもっている．それについては8-2節(c)で触れることにするが，最近の学校教育での動向としては，「新しい学力観」という考え方（▶ 2-3）の影響もあり，「関心・意欲・態度」をも含めた観点別の絶対評価が行なわれるようになってきている．

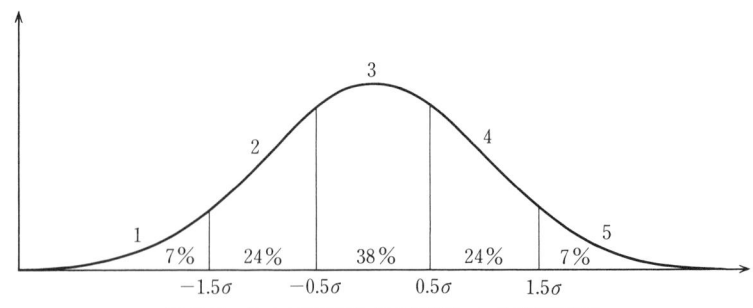

図8-2 能力の正規分布を仮定した5段階評価

(d) 評価のバイアス

私たちが他者の心理的特性を判断したり評価したりするときには，さまざまなバイアスを受けることが，社会心理学では指摘されてきた．たとえば次のようなものがあり，これらは教育評価において常に注意しておくべき問題である．

(1) **寛容効果**(generousity effect)　好きな生徒に対しては評価が甘くなってしまうこと．自分を慕ってくれる生徒や言うことを聞く生徒には，ついつい良い評価をしがちである．逆に，嫌いな生徒に対して評価が厳しくなってしまうことは，「負の寛容効果」と呼ばれる．

(2) **光背効果**(halo effect)　ある特性が優れていると，他の特性も優れているように思うこと．勉強ができる子どもは生活習慣も良いと思ってしまったり，作文がきれいな字で書かれていると内容まで高く評価してしまうようなことがあげられる．

(3) **偏見**と**ステレオタイプ**　「男子は理科が得意で，女子は社会が得意である」のように固定的な認識をもつことによって，個々の生徒を正しく評価できないことがある．あてはまる事例や大雑把な傾向はあっても，紋切り型の判断になってしまったものが「ステレオタイプ」で，まったく根拠のない否定的な見方が「偏見」である．

評価のバイアスは，自己評価の場合にとりわけ深刻な問題となる．一般には，自己評価は甘くなりがちである．ギロビッチ(Gilovich, 1991)は社会的認知の文脈の中で，人が自分自身に対して高い評価をしがちであるという調査データをまとめて紹介している．たとえば，アメリカの高校生の70％は，自分のリーダーシップを平均以上と考えており，平均以下であると自己評価しているのはわずか2％である．他人とうまくやっていく能力に関しては，ほとんどすべての高校生が自分は平均以上であると評価している．また大学教授の94％は，自分が同僚より有能であると考えているといった具合である．こうした認知は，確かにバイアスではあるが，自尊心を保つはたらきをもっているのであろう．

作品をつくったり，テストに備えて勉強したりするときには，どれだけ努力

したかということが自分でよくわかっている．たくさん努力したときに，もしその結果を低く自己評価すると，原因としては能力が低いことに帰属せざるを得ない．これは自尊心を著しく低めることになるので，努力した場合には自己評価は高くなりがちになることが考えられる．もし他者から低く評価されると，むしろその評価者にバイアスがあると非難するような，自己防衛的な態度に出やすくなるだろう．

このように，自尊心によるバイアスがからんでくるので，自己評価はいっそうむずかしい．しかし，だからこそ，自己評価力を養っておくことが大切だともいえるのである．「自己評価はあてにならない」という理由で，常に教師が与える評価を鵜のみにするだけになってしまっては，自己評価力は育たない．評価のバイアスに関して，教師はもとより，学習者自身も，人間が一般に陥りがちな傾向を知り，他者からの評価を参考にしながら，学習改善の方向を探ることが必要であろう．

8-3 評価の心理的影響

評価することによって，学習者はさまざまな心理的影響を受け，その学習行動を変化させていく．本来ならば，学習者は評価を1つの情報と受け止め，自分の学力の長所・短所を知る手がかりとして学習行動の改善に役立てることが望まれる．しかし実際には，必ずしもそのように機能するとは限らないところに，教育における評価の難しさがある．

(a) 評価に伴う感情

学習者は評価を与えられると，さまざまな感情を抱く．奈須(1990)は中学1年生を対象に，テストで良い成績をとったときと，悪い成績をとったときの経験をイメージしてもらい，そのときの感情経験を表す言葉を予備調査で収集して整理した．本調査では，それら1つ1つについて，どれくらい自分の気もちにあてはまるかの評定を求めた．因子分析の結果，それぞれの場面で，表8-3

8-3 評価の心理的影響

表 8-3 成績を伝えられたときの感情の因子と項目例

成功場面		
	喜　　び	うれしい／楽しい／バンザーイ／よかった
	統制感・向上心	今度もがんばろう／がんばったかいがあった
	誇り・承認への欲求	自慢したい／親にほめられるぞ／通信簿が楽しみ
	驚　　き	本当かなあ，信じられない／意外だ
失敗場面		
	後　　悔	がんばればもっとやれたのに／どうしてもっとがんばれなかったのか
	落胆・罰の予感	親になんていおう／おこられる／もうだめだ／どうしよう
	くやしさ	くやしい／ちくしょう／くそー
	無能感・あきらめ	やっぱり／がんばってもだめなんだ／自分は頭が悪い

のように4つずつの因子が得られた．このような感情が，教科あるいは学習一般に対する態度を変化させ，本節(b)でも述べるように学習意欲にも影響してくることは，容易に想像できる．

　評価者の主観的な判断が入る評価の場合には，学習者が評価者に対してもつ態度が変化する．一般的には，高い評価を受ければ教師を好きになり，低い評価を受ければ嫌いになりがちである．特に，自分では高い遂行を成し遂げたと思っているのに，教師から高い評価を得られなかった場合は，強い不満や反発感情が起きる．教師としても，学習者の感情を考えると，低い評価をつけることをためらうであろう．しかし，一方では，評価は公正に行なわなくてはならないし，甘い評価をすることはかえって学習者のためにならないというジレンマがある．

　これを避けるには，学習者と教師が対話的に評価を練り上げていくことが望ましい．教師側は，なぜそのような評価になるのか，生徒に納得してもらう必要がある．逆に，生徒には自己評価を主張する機会が与えられるべきである．評価は，教師から児童・生徒への一方的な通達ではなく，あくまでも学習改善に向けてのコミュニケーションであることを，日常的な教育活動の中で双方が認識することが重要であろう．

(b) 評価と学習意欲

　評価の影響は，それを受けたときの感情だけにとどまらず，次の学習へ向けての意欲にも及ぶ．一般的には，高い評価を与えられた場合には意欲が高まり，低い評価を与えられた場合には自信を失い，意欲が低くなってしまう．ここから，「できるだけ，子どもを叱らずにほめるように」「子どもの良い面を見つけて評価するように」ということも言われるわけである．

　ただ現実には，ほめることが慢心を招いたり，失敗や悪い評価がむしろ学習者を発奮させることもあるので，一概には言えない．2-2 節では「認知的動機づけの理論」として，単に成功経験を与えられ続けることが学習意欲を高めるわけではないことを示唆した．努力と評価とが随伴しており，実際にその努力を自分が払うことができると感じられることが学習意欲につながるわけである．欠点や実力不足を指摘されても，それが自分で克服可能であると認知されれば，それはむしろ有効な情報とみなされるであろう．

　相対評価が問題とされるのは，しばしばこの「随伴性の感覚」が得にくくなることである．つまり，学習者が努力して教育目標を達成したとしても，他者との比較で評価されてしまい，その努力が成績に反映されないことがある．また，相対評価は，過度に競争的な事態を招き，学習内容自体に対する内発的な動機づけを低めてしまうとも言われている．バトラー(Butler, 1987)の小学生を対象にした実験では，問題の正誤を知らせて児童にアドバイスをする群が，相対評価を伝える群や，単にほめるだけの群よりも，課題に対して高い興味や向上心を示した．鹿毛・並木(1990)も，小学生の実験クラスにおいて，順位に基づくシールを与えて相対評価をした群では，到達度評価をした群に比べて，自由課題の提出が少なくなってしまうという結果を得ている．

　また，評価と学習意欲については，学習についての自律性を損ってしまうことのないように配慮する必要がある．2-2 節(b)では，ド・シャームの「オリジンとポーン」という考え方を紹介し，学習者自身の始発性が動機づけを維持し，高めるのに重要であることを述べた．他者が評価を与えすぎると，他者によって学習が統制されていると感じて，自律性の感覚を失わせてしまう危険が

8-1

テスト不安

　テスト状況に関する認知的,感情的,行動的な不安は,**テスト不安**(test anxiety)と総称されている.サラソン(Sarason, 1984)は,テスト反応尺度として RTT(reactions to tests)を作成し,「緊張感」(tension),「懸念」(worry),「テストと無関係の思考」,「身体的反応」という4つの側面から測定を試みている.こうしたテスト不安はどのようにして生じるのか,また,テスト不安によってテスト中の認知過程はどのように影響を受けるのかについて,近年しだいに研究がなされるようになってきた.

　塩谷(1995)は高校生を対象にしたデータから,テスト不安に関わるモデルを検討している.ここでは,学習技能に対する自信のなさ(「勉強のしかたがわからない」「あまり勉強方法を知らない」などの項目)がテスト不安に影響する一方,学習することへの負担感(「勉強を続けるのはたいへんだ」「なかなか勉強する気にならない」などの項目)が学習時間に影響する.そして,テスト時の遂行に対しては,学習時間の影響が大きいが,テスト不安が抑制作用をもつという結果を得ている.そこで,単に学習時間を増やすことではテスト不安を解消することはできず,学習方法の習得と,その成果としての成功経験の蓄積によって,学習技能についての認知の変容を促すことが重要ではないかとしている(本書では,第4～6章の随所で,学習方略や学習技能について解説してきたので参照してほしい).

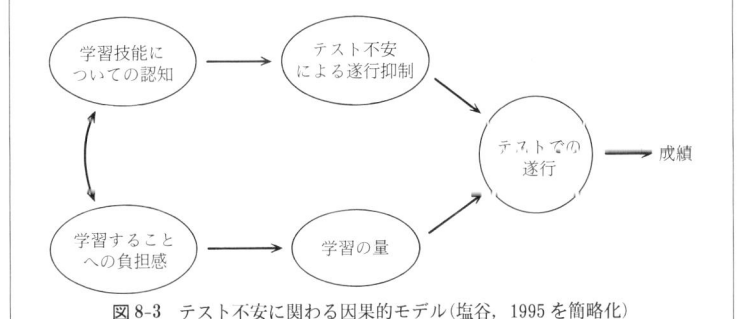

図8-3　テスト不安に関わる因果的モデル(塩谷,1995を簡略化)

ある．デシとライアン(Deci & Ryan, 1985)は**認知的評価理論**という考え方を展開している．これは，個人内の状態を，プレッシャーや緊張といった情緒的経験を感じる「内部制御的状態」と，課題の遂行や自己有能性を認知する「内部情報的状態」とに区別する．他者に評価されるという事態は，内部制御的状態を招き，不安や緊張から内発的な動機づけを損うことになることを示唆している．

　自律性を尊重することからいえば，自己評価がもっとも好ましいといえるかもしれない．ただし現実には，自己評価だけでは生徒はものたりなく思うだろう．実際，自己評価が学習意欲を高めるという研究結果もある一方，前述の鹿毛・並木(1990)の実験事態においては，自己採点して自己評価するという群も設けられていたが，彼らの動機づけは，教師からの到達度評価を受けた群ほど高くはならなかった．やはり，教師や友人から認められたり，励まされたり，弱点を指摘されたりすることによって，意欲も高まり，学習改善のための有効な情報も得られるという側面は忘れてはならない．

(c) 評価の学習規定性

　以上挙げてきたのは，評価結果を学習者に示すことの影響であるが，どのような評価方法をとるかということが，すでに学習者の行動を変容させることもある．学習者は，高い評価を得ることを望んでいるのが普通である．しかも，それが低いコスト(労力)で得られるにこしたことはないと思うだろう．受験勉強における「傾向と対策」に典型的に現れているように，どのような点が評価されるのかを知り，それに合わせて学習していくことによって，効率的に高い評価を得ようとしがちである．

　学習者が評価を「目標」として学習行動を決めていくことを，ここでは「評価の学習規定性」と呼ぶことにしよう．教育目標を適切な方法で測定し評価しきれない場合に，これは本末転倒ともいえる現象を引き起こす．たとえば，「入試科目に国語，英語，数学しかないので，他の科目は勉強しない」，「客観的な選択肢テストしかなされないので，自ら表現するような学習活動はしな

い」,「意欲や態度が発言の回数で評価されるというので,とにかく何か発言しておく」などという場合である.

評価の結果が,入試の内申書などのような形で学習者の直接的な利害にからむときには,とりわけこのような現象が起きやすい.しかし一方,実際の社会において,どのような学力が必要なのかがよくわからない児童・生徒が,とりあえず「良い評価を得ること」を目標として学習していくことはやむを得ない面があり,評価の学習規定性というのは,一概に好ましくないこととも言い切れないのである.

この問題に関して,8-2節(a)では「教育目標と評価の一体化」という原則を述べた.これは,「目標としたことは,できるだけ評価するべきである.さもないと,教師の目標が学習者にとっての目標とならず,当然,達成されなくなってしまう」ということであった.他方では,目標学力(教育者が期待し目標としている能力)と測定学力(実際に測定し評価することのできる能力)は区別するべきであるという考え方がある.特に,「新しい学力観」で求めるような関心や意欲はあくまでも目標学力であり,それを測定・評価しようとすると,かえって形骸化された行動を生むといったことが言われる.

この2つの立場は,どちらももっともな主張を含んでいるだけに融合しにくい.ここであえて前者の原則に沿ってまとめるならば,次のようなことになろう.まず第1に,教育の中では,何が目標なのか,それはなぜなのかということを,学習者に情報として十分に与えるべきである.学習者が自分にとって実質的に必要なことは何かがわかっていれば,評価方法に安易に学習を同調させて,見せかけの良い評価を得ようとすることは起きにくくなるだろう.第2に,「評価は客観的でなければならない」ということにこだわらず,教師の主観的な評価や,学習者の自己評価をまじえても,教育目標としたことは評価していくということである.その際,本節(a)でも述べたように,教師も生徒もひとりよがりにならないよう,評価を対話的に練り上げ,学習の改善に向けての素材として機能させる姿勢が大切なのはいうまでもない.

8-2 数学テストの学習規定性

　数学や物理のテストでは，どれだけ速く正確に問題が解けるかが問われることがほとんどである．筆者はかつて，「こうしたテストのみでは，概念的な理解やそれを表現する力が養われないのではないか」ということから，数学における説明型の問題や論述型の問題を提案して，数学の専門家をまじえてネットワーク討論を行なったことがある．つまり，「何々を求めよ」「何々を証明せよ」という通常の問題と異なり，概念，意味，事例，用途など（要するに，数学的用語や定理などについてもっている知識や考え）を文章で表現させようという問題である．このような学力も数学という教科の目標としてあるはずであり，それを認めるならば，それに応じたテストを行なわないと，解法暗記的な数学学習に偏ってしまうという主張であった．

　これに対して，さまざまの賛否両論が出され，激しい討論が長期にわたって行なわれた．代表的な反対論としては，

・多様な解答が出てきたとき，客観的に採点ができない．
・数学の力とは問題を解く力であり，言葉で説明できても意味がない．
・数学の概念——とたとえば，ベクトルとは何であるか——は，時代により，状況によりさまざまであり，一通りに語れるようなものではない．
・そのような問題が固定化すれば，かえって教科書の叙述を暗記するだけに終わってしまう．

などがある．ただ，こうした反対論者も，現在の入試形態が公式や解法の暗記を助長していることは，多かれ少なかれ認めており，問題を感じているようである．

　この討論は，『ネットワークのソフィストたち——「数学は語りうるか」を語る電子討論』（市川伸一編，日本評論社）としてまとめられている．心理学，認知科学，数学の話題に触れながら，数学とその評価のあり方についていろいろな立場からの意見が述べられているので，ぜひ参照して，各自考えてみてほしい．

▷ 第8章のまとめ ◁

8-1 心理測定は，信頼性と妥当性が高いものでなくてはならない．信頼性とは，測定の安定性(再現性)であり，妥当性とは，目的とする属性をどれくらい的確に測っているかに関わる概念である．

8-2 評価は，基本的には学習や教育システムの改善のために行なうものであり，実施する時期によって，事前的評価(診断的評価)，形成的評価，総括的評価に分けられる．さらに，評価にはさまざまな方法があるが，それぞれの長所・短所があるので，組み合わせることによって総合的な評価が行なえる．

8-3 評価とは，他者(あるいは自己)の特性に対する認知であるが，さまざまなバイアスを受けることに注意しなくてはならない．

8-4 学習者が評価を与えられることによって，感情や学習意欲が喚起される．また，学習者は評価に合わせて学習内容を決めていく傾向がある．これは形骸的な学習行動を生むことにもなりかねないので，学習者に教育目標を十分理解してもらい，評価も対話的に練り上げる必要がある．

キーワード

測定　信頼性　妥当性
内容的妥当性　構成概念妥当性　基準関連妥当性
評価　事前的評価(診断的評価)　形成的評価　総括的評価
絶対評価(目標準拠測定)　到達度評価
相対評価(集団準拠測定)　偏差値
評価のバイアス　寛容効果　光背効果　偏見　ステレオタイプ
評価と感情　評価と学習意欲　認知的評価理論　評価の学習規定性

▷ 演習問題

8-1 信頼性は高いが妥当性の低い測定や評価の例を，架空の例としていくつかあげてみよう．また，一見，内容的に妥当性が低いように見えても，テストとして使うことに意味があると認められるのはどのような場合か．基準関連妥当性という面から考察し，そのような具体例をあげてみよう．

8-2 偏見やステレオタイプによって評価が歪められてしまうのは，学校教育では具体

的にどのような状況だろうか.考えられるものを列挙してみよう.

8-3 市販されている教師向けの教育雑誌などで評価の特集号を参照し,学校現場ではどのような工夫がなされているかを探ってみよう.特に最近は,自己評価や子どもどうしの相互評価の利用がテーマとして盛んである.また,「関心・意欲・態度」がどのように評価されているかを調べ,それぞれの方法の長所と問題点を考察してほしい.

9

教育心理学と教育実践の関わり

本書の「学習の手引き」では，教育心理学と教育実践の乖離についてふれた．しかし一方では，教育心理学は教育実践に貢献できる豊かな内容を着実に蓄積しつつあり，この乖離を解消しようという努力がなされている．本章では，教育心理学の教育実践への関わり方が大きな変化を見せている近年の動向について概観したい．

9 教育心理学と教育実践の関わり

9-1 教育心理学の実践化

1990年代にはいり，教育心理学はますます実践との関わりを強めていくこととなった．一方では，学習意欲や学力の低下，いじめ・不登校などの学校病理現象が顕在化し，教育心理学にその対応策を期待するという社会的な要請があった．また，このころから，心理学全体に関わる大きな動きとして，専門資格が広まっていったことも注目に値する．中でも，臨床心理士(日本臨床心理士資格認定協会の認定による)が，スクールカウンセラーとして優先的に雇用されるようになったことは大きなできごとであった．さらに，日本教育心理学会は1997年に「学校心理士」の認定をはじめるようになった(のちに，認定運営業務はいくつかの学会の連合組織である認定機構に移管される)．

学校心理士の認定当初は，学会員であることが要件だったこともあり，学校教員の入会が促進され，それまで4000人台だった日本教育心理学会は一気に7000人規模の学会へと拡大した．そして，大会発表，シンポジウム，セミナーなどの内容も，実践的なものへと大きくシフトし，研究者や大学院学生と，学校教員との相互交流も活発化することとなった．

(a) **教育実践への関わり方**

教育心理学が実践に関わるといっても，そのスタイルはいろいろである．秋田・市川(2001)は，それらを表9-1のような5つにまとめている．まず，フィールドワーク型の研究として，できるだけ実践現場に影響を与えることなく観察調査を行なうものと，外部者としてではあるが現場に参加して関わりをもちながら調査を行なうというものがあり，これらは，「実践についての研究」といえよう．

より積極的に，児童・生徒や教員に関わって何らかのはたらきかけを行なう研究は**アクションリサーチ**と呼ばれ，これは「実践を通しての研究」ということができる．直接の実践者である教員から相談を受けたり，教育心理学の立場

表 9-1 実践研究への関わり方(秋田・市川(2001)より)

	型・名称	研究者と実践の場との関連	研究対象としての実践の位置づけ	実 例
1	観察調査 フィールドワーク(非関与観察)	一時的ストレンジャー透明人間	実践についての研究	
2	参与観察 フィールドワーク	継続的ストレンジャー異文化者	実践についての研究	
3	アクションリサーチ(コンサルテーション)	実践づくりの間接的支援者 コンサルタント	実践を通しての研究	校(園)内研究,ケースカンファレンス,巡回指導,発達相談
4	アクションリサーチ(カウンセリング,介入訓練)	特定の問題場面での実践者 カウンセラー,訓練指導者	実践を通しての研究	認知カウンセリング,療育指導
5	アクションリサーチ(実践者による研究)	日常的・継続的な全面的実践者	実践を通しての研究	教師や親自身による実践と研究

から助言を与えたりする支援活動のことを**コンサルテーション**という．教育を受ける立場にある児童・生徒に対して，教育心理学者が生活や学習のカウンセリングを行なったり，何らかの訓練的なプログラムを実施するのが第4のカテゴリーである．第5のカテゴリーは，日常的，継続的に実践をしている立場の教員などが，自らそれらを研究にしているというものである．

(b) 実践研究の発表の場の拡大

表9-1にあげたような研究スタイルが，それまでまったくなかったわけではない．しかし，研究として活発にならなかった理由の1つとして，学術研究論文として認められにくいということがあった．学術研究の成果が最も正式な形で発表されたものは，学会などの発行している学術雑誌である．そこに論文として掲載されるための審査においては，科学的な方法や分析によるものがどうしても優勢になる．ここでいう「科学的」とは，統制のとれた実験や調査によるデータ収集，客観的な統計的手法による分析などをさす．それに基づかない授業実践，フィールドワーク，事例研究などは，科学的な価値が低いものと見なされやすい．結果的に，教育心理学に限らず，教育関係の学術雑誌に実践的

9 教育心理学と教育実践の関わり

な研究が掲載されることはあまりない．研究者や学生にしても，学術雑誌に論文を掲載することを優先するなら，より手堅い実験や調査による研究に力を注ぐようになりがちである．

大きな変化のきっかけとなったのは，2000年度より，日本教育心理学会の機関誌『教育心理学研究』に，「実践研究」というジャンルが設けられたことである．これも数年に及ぶ議論の結果であり，すぐに決まったわけではないが，その背景には，教育心理学と教育実践の歩み寄りを求める声が強くあった．実践に即した研究を認めてほしいという研究者や実践者にしてみると，一般の研究論文(オリジナルな理論的，実証的研究ということで，「原著論文」と呼ばれる)と，いわゆる実践研究とは，研究を評価する観点が異なるはずであるということになる．教育実践の改善に資するのは，必ずしも科学的なデータや分析法とは限らず，リアリティのある実践記述や改善のアイデアであることも多いに違いない．

『教育心理学研究』では，「実践研究論文」というものを次のように規定することとした．

> 授業研究，教育方法，学習・発達相談，心理臨床等の現実場面における実践を直接の対象とした教育心理学的研究であり，学校教育のみではなく，幼児教育，高等教育，社会教育等も含まれる．実践場面での資料収集，実践の改善を直接目指すもの，教育心理学的な見地からの分析と考察に基づく具体的な提言がされていること．

すなわち，ここには，「実践についての研究」も「実践を通しての研究」も含まれている．ただ，注意しなくてはならないのは，研究のためにあえて設けられた実験や調査の場ではなく，現実場面で営まれている教育実践を直接の対象とするということである．仮に学校の教室で行なわれた研究や，直接実践に資する開発研究であっても，学術研究の一環として特別に設定された状況をつくって行なわれたものであれば，従来の一般的な原著論文として投稿することが望まれる．ただし，その区別は必ずしも明瞭でないため，当面は，投稿者本人がジャンルを自ら指定することとなった．どちらのジャンルに属するかとい

うことよりも，教育実践を扱った論文がどちらのジャンルからも排除されることのないようにしたいというのがジャンル創設の趣旨である．

(c) 実践研究の評価の観点

　実践研究という枠を設けて投稿を促すようになったのは，教育分野の学術誌の中では，『教育心理学研究』がはじめてといってもよいと思われる．もちろん，他の学術誌にそうした論文が載らないということではなく，教科教育系の雑誌ではしばしば見られる．ただ，教育心理学のような基礎分野の学会誌が，ジャンルを設けることにより，理論的研究や実証的研究とはやや異なる評価基準で審査することを明示したことには，大きな意義がある．

　もっとも，難しいのは，その評価基準をどのように設定するかであった．教育心理学の伝統的な方法から見ると，実践研究の方法論や論文形式はきわめて多様であり，査読者（投稿論文の採否を判断する審査委員）によって意見が大きく分かれることもありうる．実践研究というジャンルをスタートするのに先立ち，市川（1999）は，査読経験の豊富な20人の委員に，これまで教育関係の雑誌で発表されている17の論文に対する5段階評価を求め，その観点の個人差を分析している．

　評定の観点の一致度を見るためには，評定者間の相関係数（🔎 2-1 参照）をとってみることが考えられる．すると，もっとも高い評定者ペアの間では0.777だが，もっとも低い評定者ペアの間では，なんと−0.555 という負の相関となった．負の相関は，一方の評定者が高く評価する論文ほど，もう一方の評定者からは低く評価されるという傾向を示している．全体としては，評定者20人の全組合せ190ペアのうち，24ペア（約13％）に負の相関が出現した．ちなみに，一般の原著論文を評価させた場合には，このような負の相関はまず現われなかった．実践研究の評価がかなりまちまちであることがわかる．

　それぞれの評定者が実践研究に求める基準の潜在的構造を見出すために，それぞれの評定者を尺度，各論文を個体とみなして因子分析（🔎 9-1）を行なった．すると，実践の過程や学習者の変化を詳細に分析した研究を高く評価する「分

9 教育心理学と教育実践の関わり

9-1

因子分析

因子分析(factor analysis)は，教育心理学で開発され，現在は他の分野でも広く使われている統計手法である．テストや質問紙では，N人の個体に対してn種類の測定尺度の測定値が得られるという場合がよくある．つまり，$N \times n$の行列の形をしたデータである．たとえば，200人の生徒に性格を測定するための質問を30項目使って，自分にあてはまるかどうかをそれぞれ5段階で評定させたとすれば，200(個体)×30(尺度)のデータになる．

因子分析では，この多くの尺度の背後には少数の潜在特性(因子)があることを仮定し，データを説明しようとする．性格であれば，個々の項目を抽象化したような「外向性」「安定性」といったような因子が想定できる．統計データから見ると，もし尺度間に強い相関関係があれば，それらの背後には，何らかの共通する因子があることが推察される．因子の重み付き合成得点によってもとのデータがほぼ再現されるというモデルに基づいて，その重み(因子負荷量)と個体ごとの特性値(因子得点)を数理的に算出する．

本文で紹介している実践研究論文の評定データの分析はやや特殊な使い方であり，個体(測られるもの)にあたるのが17の論文，尺度にあたるのが20人の評定者である．いわば，評定者が論文を測っていることになる．因子負荷量は，評定者が2つの観点に対して与える重みなのでそれぞれの「志向」の強さを表し，因子得点は，個々の論文が「分析的か」「開発的か」という特徴をどれくらい強くもっているかを表している．

析志向」と，新たな教育方法を提案・実施している「開発志向」の2因子が見出された．すなわち，それぞれの評定者の個人差は，この2因子のどちらに重みを置くかで説明されることがわかる．

たとえば，分析志向の高いある評定者は，自らの評価のしかたについて，次のように記述している(市川，1999).

ある教材やシステムを開発したとか，ある教授法や介入法を行なったという記述ではなく，それを行なった実践者やその実践に参加した研究対象者の心理過程に関する知見が提示されているということである．(中略)なんらかの心理過程のモデルやデータが示されているかどうかということが一つの基準である．

一方，開発志向の高い評定者は，著者自身がいかに実践の改善に対して新たな工夫をしているかが，実践研究として重要であると述べている．

> 日頃，教師は種々の工夫を凝らしながら実践活動を行なっています．その工夫の中にはごくありふれた工夫もありますが，他の教師にとって有益な工夫もあるはずです．そうした日頃の工夫が教育上望ましい効果をもたらすことが示されるなら，その実践活動を「実践研究」論文として掲載すべきではないかと考えます．

このように評価の観点が大きく異なると，「どの査読者が担当するか」によって，採択される論文にバラツキが生じてしまう．したがって，日本教育心理学会では，こうした事前調査結果を会員や査読委員に学会誌を通じて示し，投稿者も査読者も自分の観点を相対化してとらえることを促すこととした．実践研究の価値については，さまざまな考え方があるが，それぞれが他の考え方を認めることにより，これまでの基準では掲載されなかったような研究が公表される機会を増やしていこうというのが，ジャンルを創設した趣旨だったからである．

(d) 実践研究の広がり

それでも，実際に実践研究がジャンルとして開設されてから，投稿者と査読者の間，あるいは，査読者の間の考え方の違いは大きな問題となり，採否の判断がなかなか合致しないこともあったという．実践研究論文の現況を報告して討議するようなシンポジウムも何回か学会で開かれた．そして，ほぼ10年が経過し，実践研究というジャンルは，確実に『教育心理学研究』の中に定着していった．年間4号が発刊され，毎号10編くらいの原著論文が掲載される中で，2〜3割の論文が順調に「原著(実践研究)」という形で掲載されるように

なっている．

　表 9-2 には，最近の実践研究論文のタイトルを示した．あらためて，かなり多様なテーマ，多様なアプローチによる研究が生まれていることがわかる．学会の論文賞が，実践研究の中から選ばれることもある．これは，まさに実践研究論文と一般の原著論文との違いが研究としてのレベルにあるのではなく，質の異なる価値をもったものであることが学会内で認められているからにほかならない．こうした実践研究を発表する場が，今後さらに実践者や若い研究者にも広がっていくことが期待される．

表 9-2　『教育心理学研究』における最近の実践研究の例

- 理科授業における動機づけ機能を組み込んだ教授方略の効果（高垣マユミ他）
- 受動態の学習における学習者の不十分な知識とその修正（松沼光泰）
- 説明活動が概念理解の促進に及ぼす効果（田島充士他）
- 自閉症障害児における他者の作業効率の推測と援助行動の形成（須藤邦彦）
- 児童による話し合いを中心とした授業における聴き方の特徴（一柳智紀）
- 教育実習における学習はどのように構成されているのか（森下覚他）
- 学習方略は教科間でどのように転移するか（植阪友理）
- 年長クラスにおける鬼ごっこの指導プロセス（田中浩司）
- 高校生の意見文作成指導における「型」の効果（清道亜郁子）
- 社会的スキル訓練による児童の抑うつ症状への長期的効果（石川信一他）

（2009～2010 年から一部抜粋，副題と巻号は省略）

9-2　教育界の動向と教育心理学の関わり

　上記のように，教育心理学が実践との関わりにおいて大きく変化した 1990 年代から 2000 年代にかけて，教育界にもまた大きな動きがあった．1990 年代は，それまでの知識偏重，詰め込み教育，受験重視というような傾向が批判され，いわゆる**ゆとり教育**が推進された時代である．コラム◼ 2-3 で紹介した「新しい学力観」に基づき，学習意欲，問題解決力，表現力などが重視された．さらに，1990 年代後半から中央教育審議会および文部省は「生きる力」という用語を多用するようになる．これは，基礎基本的な知識技能だけでなく，「自ら学び自ら考える」というような自己教育的な学力，さらに，豊かな心，

健やかな体といった生活に関わる全人的な資質・能力をさす言葉であった．ペーパーテストで測られるような知識偏重の学力観，評価観を排し，「ゆとりの中で生きる力を育む」が当時のスローガンとなり，その集大成ともいえるのが，1998年に改訂・告示された学習指導要領である．ここでは，週5日制の完全実施，教科の時間数と内容の削減，中学校での選択教科の導入，「総合的な学習の時間」の創設などが盛り込まれた．ところが，こうした教育改革路線に対して起こったのが，「学力低下論争」であった．

(a) 学力低下論争

　1990年代以降文部省(2002年からは文部科学省)がすすめてきた「ゆとり教育」という教育改革路線には，日本の児童・生徒の基礎学力がきわめて高いという前提があった．その上で，今後必要な資質・能力として「新しい学力観」や「生きる力」を求めたことになる．しかし，「日本の子どもたちが，よく勉強し，基礎学力が高いというのは，すでに過去のことであり，現在の多くの子どもたちは学習時間も減少し，その結果として基礎学力が相当低下している」ということが各方面から指摘されるようになった．こうした警告はすでに1990年代半ばより教育学者からなされていたが(佐藤，2000)，とくにさまざまな論者が発言し，マスコミにもとりあげられるようになったのは，学習指導要領が公示された直後の1999年からであり，一般に「学力低下論争」と呼ばれている．

　「学力低下論争」は，「学力が本当に低下しているか」という論争としてとらえられがちであるが，必ずしもそうではない．市川(2002, 2004)はこの論争を概観し，大まかには，図9-1のように2つの対立軸における3極構造としてとらえる必要があるとしている．学力低下に対してどれくらい憂慮しているのか，あるいは比較的楽観視しているのかというのが横の軸であり，1990年代に文部省が推進しようとしてきた教育改革路線に賛成するかどうかというのが縦の軸である．図の左下の「憂慮・慎重派」がいわゆる「学力低下論者」で，大学の理数系の教員(岡部・戸瀬・西村，1999)，大学受験界の論者(和田，1999)，

9 教育心理学と教育実践の関わり

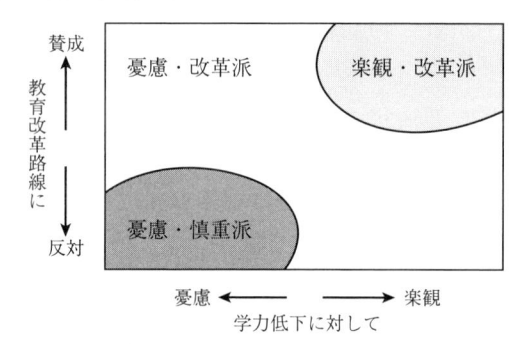

図9-1 学力低下論争の構図(市川, 2004). 学力低下について「憂慮―楽観」という軸と, 1990年代の教育改革路線に「賛成―反対」という軸の中での3極構造として論争の全容をとらえている.

教育社会学者グループ(苅谷, 1999)などが属している. 右上の「楽観・改革派」には, 当時の文部省担当者や, ゆとり教育を支持する中央教育審議会委員, 教育学者などが含まれる.

この2つの派の間の議論が, 学力低下論争の焦点であったが, 論争の初期から, 左上の「憂慮・改革派」という立場が存在しており, 実は, 教育心理学者からはこの立場に属すると思われる論点が出されている(無藤, 2002；市川, 2002；藤澤, 2002). 結果的には, 1998年告示の学習指導要領が全面実施される2002年4月には, この立場に沿って, 論争がある程度収束し, その後の中央教育審議会での審議, さらには, 2008年の学習指導要領改訂へとつながっていくことになるのである. つまり, 文部科学省側からは, 異例にも, 教育改革の趣旨に反してゆとりがゆるみになっていた可能性があるという趣旨の反省的なコメントが出され,「生きる力」という理念,「総合的な学習の時間」, 完全週5日制などを継承しつつ, 国語, 算数・数学, 理科, 英語などの教科時間数と内容は相当復活されることとなった.

(b) 教育改革における教育心理学の役割

教育改革の議論において感じられるのは, 学力論や授業論のバランスの偏り

である．教育界において，一方には，教科の基礎基本的な知識の獲得をめざした系統主義的，教師主導的な立場があり，他方には，生活主義的，児童中心主義的な立場がある．「学力低下論者」は前者の傾向が強く，「ゆとり教育派」は後者の傾向が強い．もちろん，教育心理学の中でも，それぞれをサポートするような理論があることは本書からも読みとれるであろう．

　しかし，教育心理学者が教育という現実の社会的事象に実践的に関わろうとするときには，むしろ，それぞれを相対化し，長所・短所を踏まえてバランスのとれた提言をすることに存在意義がある．「生得説と習得説」「行動主義と認知主義」「内発的動機づけと外発的動機づけ」「相対評価と絶対評価」など，学習・教育をめぐる対立軸というのは，教育心理学の中でも数多く存在してきた．学問の中では，あえて一方の立場に固執して研究し主張するのもよいし，それがまた科学の発展にもつながることも多くある．ただ，現実の教育政策論議でそれをしてしまえば，「振り子のように揺れ動く」と揶揄されるように，極論に依拠した方針がとられて，問題が生じるとまた逆の極論に動くようなことになりがちである．残念なことに日本の教育界でこのような揺れ動きが絶えなかったのは，エビデンスや議論の蓄積のないまま，多くの教育論が潜在と顕在を繰り返していたからのように思える．

(c) 「習得」と「探究」の学習サイクル

　教育心理学が，その内部での議論を踏まえて，学校現場や教育行政に対してバランスのとれた提言をすることにその役割があるとすれば，学力低下論争から2008年の学習指導要領改訂に至るまでの実例を筆者の経験からあげておくことも意味があるだろう．

　図9-2は，学力低下論争を経て提案された学習モデルの1つである．学校での学習は，「予習—授業—復習」を通じて既存の知識や技能を身につけるという「習得サイクルの学習」と，自ら興味・関心をもったテーマに沿って問題を追究する「探究サイクルの学習」に分けて考えられる．しかし，教育界では時代により，また論者により，どちらか一方に大きく偏りがちになる．このモデ

9 教育心理学と教育実践の関わり

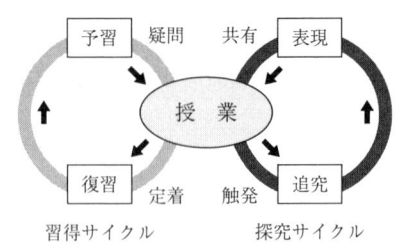

図 9-2 学習の 2 サイクルのバランスとリンク（市川，2002）．

ルでは，それらのバランスをどのようにとり，相互に関わらせていくかということを学校教育カリキュラムの基本として定式化している．

　中教審答申では，のちに「習得と探究は車の両輪」として明文化され，さらに，「習得―活用―探究」という表現となって，学校にも浸透するようになった．ここで，「活用」という用語がはいったことにより，「知識は必ずしもそれを習得して有していることが最終目的ではなく，それを活かしてより高い探究活動や生活実践を営むことにこそ意義がある」という考え方を普及させることにもなった．こうした機能的な知識観は，人間の情報処理のリソースとして既有知識の役割を重視する認知心理学に基づくものといえる（第 4 章参照）．

(d)　教えて考えさせる授業

　また，筆者は，「1990 年代の教育界の混乱の一つは，習得と探究ということを区別せずに，本来ならすべての児童・生徒に習得させたい基礎・基本を，探究型のやり方で獲得させようとしすぎたことにある」と考えていた（市川，2002, 2004）．かつての「詰め込み」「教え込み」と言われた授業への反動もあり，単元のごく初期から，子どもに直接教えずに，自力発見や協同解決によって帰納的に知識を獲得させようという，いわば「教えずに考えさせる授業」が推奨されるようになっていった．しかし，これは，少なくとも習得の学習においては，およそ現実的とは思われなかった．

　そこで，学習の 2 サイクルモデルと同時に，「教えずに考えさせる授業」と対比する形で，「教えて考えさせる授業」の大切さを教育雑誌や講演などで訴

えるようになった．これは，基礎・基本の習得をめざす授業のスタンダードな設計原理であり，基本的な内容はまず教師から説明し，その上で考えさせる課題を用意するもので，いわば受容学習と問題解決学習を接合して理解と定着を図ろうとするものである．それぞれの段階では，次のような教授・学習活動を大切にし，「学力差の大きな通常の公立学校のクラスで，進んでいる子にも，遅れがちの子にも充実感を感じられる授業」をめざす（市川，2008）．

- 「教える」の部分では，教材，教具，操作活動などを工夫したわかりやすい教え方をこころがける．また，教師主導で説明するにしても，子どもたちと対話したり，ときおり発言や挙手を通じて理解状態をモニターしたりする姿勢をもつ．
- 「考えさせる」の第1ステップとして，「教科書や教師の説明したことが理解できているか」を確認するため，子ども同士の説明活動や教えあい活動を入れる．これは，問題を解いているわけではないが，考える活動として重視する．
- 「考えさせる」の第2ステップとして，いわゆる問題解決部分があるが，ここは，「理解深化課題」として，多くの子どもが誤解していそうな問題や，教えられたことを使って考えさせる発展的な課題を用意する．小グループによる協同的問題解決場面により，参加意識を高め，コミュニケーションを促す．
- 「考えさせる」の第3ステップとして，「授業でわかったこと」「まだよくわからないこと」を記述させたり，「質問カード」によって疑問を提出させたりする．子どものメタ認知を促すとともに，教師が授業をどう展開していくかを考えるのに活用する．

こうした授業展開は，教育心理学から見れば，むしろオーソドックスなものといえよう．「知識があってこそ人間はものを考えることができること」，「学習の過程とは，与えられた情報を理解して取り入れることと，それをもとに自

ら推論したり発見したりしていくことの両方からなること」．認知心理学を基盤とした教育心理学では，これはもっとも基本的な考え方である．しかし，「教えずに考えさせる授業」をよいものとする 1990 年代の教育界からは，このような指摘はまず出てこなかったのである．その後，「教えて考えさせる」というフレーズは，2005 年以降中教審答申でも使われるようになり，新教育課程の方向としてとりあげる学校や自治体（教育委員会）が急増していく（市川，2008，2017；市川・植阪，2016）．現在，その成果がいろいろな教科で実践を通して検証されているところである．

(e) 教育心理学はどう教育に生かされるか

かつて，教育心理学は教育実践から乖離していると言われた．確かに，心理学側から教育に応用しようとしたり，教育側から心理学を活用しようという試みは多くあったが，深く長く浸透するようなものはあまり生まれなかったといえるだろう．しかし，本章で述べたように，この 20 年ほどの間に，様相はかなり変わってきている．授業づくりや学級経営をはじめ，学校での心理的問題の解決に教育心理学者が関わったり，自治体や文部科学省の委員会という政策提言の場に教育心理学者が参加するということはもはや珍しくなくなっている．

これは中堅の心理学者が，教育現場にはいって詳細なフィールドワークやコンサルテーションを行なったり，あるいは学習相談や実験授業の場を設けて新たな現場をつくったりしてきたという，地道な活動の延長である．これからの若い学生や研究者が，教育心理学の理論や方法論を身につけた上で，教育現場に実践的に関わっていく（すなわち，「子どもと関わる」「教師と関わる」「学校と関わる」）ことによって，教育心理学と教育実践双方がいっそう実り多きものになることが期待される．

▷ 第 9 章のまとめ ◁

9-1 教育心理学が実践に関わるには，観察や調査による「実践についての研究」と，

自ら実践しながら行なう「実践を通しての研究」がある．
9-2 近年，実践研究が盛んになるにつれて，学会誌にも「実践研究論文」というジャンルが設けられるようになった．
9-3 実践研究の審査には個人差が大きいが，観点としては分析志向と開発志向があり，その重みづけによる違いが基本にある．
9-4 ゆとり教育，学力低下論争の時代を経て，現在はバランスのとれた教育が目指されているが，そこには教育心理学の視点が生かされている．

キーワード
教育心理学の実践化　　フィールドワーク　　アクションリサーチ
コンサルテーション　　実践についての研究　　実践を通しての研究
実践研究論文　　実践研究の評価基準　　分析志向　　開発志向
ゆとり教育　　新しい学力観　　生きる力　　学力低下論争
習得サイクルの学習　　探究サイクルの学習
教えて考えさせる授業

▷ **演習問題**

9-1 『教育心理学研究』の実践研究には，「教育心理学的な見地からの分析と考察に基づく具体的な提言がされていること」という記述があるが(p.154 参照)，実際に実践研究論文を読み，どのような点に教育心理学らしさが現われていると思うか，考察してみよう．

9-2 学力低下や教育政策に関する論文から論者の意見をまとめ，学力をどのようにとらえているか，どのような学力を目指しているかを，分類・整理してみよう．

読 書 案 内

教育心理学の総論

 本書はあくまでも教育心理学を初めて学ぶ読者を対象としたものである．教育心理学全体を，それぞれの領域の専門家が詳しく論じた教科書として，次の2冊を勧めたい．
[1]　馬場道夫(編)(1987)　学校教育のための認知学習理論．協同出版
　　認知心理学の基本事項から，教科の学習，動機づけ，教授・学習過程まで，広範な領域を詳しく論じた大部なテキスト．本書を読んだ読者がさらに本格的に学ぶためには格好の1冊である．
[2]　滝沢武久・東洋(編)(1991)　教授・学習の行動科学(応用心理学講座9)．福村出版
　　これも，18章からなる充実したテキストであるが，個性的でつっこんだ議論が展開されており，レポートを書くときなどは，参考になるだろう．「子どもの学力をどう伸ばすか」と「子どもの個性をどう生かすか」の2部構成になっている．

各章の内容に即して

 本書の各章を読んで興味をもった読者には，次のような本で，さらに知識を広げ，自分で考えを進めるときの参考にしてほしい．古いものから新しいものまでさまざまあるが，最近の専門書や学術雑誌を読むための基礎的知識ともなるだろう．

第1章・第2章

[3]　B．ワイナー(1980)，林保・宮本美沙子(監訳)(1989)　ヒューマン・モチベーション――動機づけの心理学．金子書房
　　学習をめぐる動機づけや感情の問題を，基礎から学ぶのに適したテキストとして勧められる．動機づけ研究が，心理学の中でさまざまな領域と関連しながら発展してきたことがわかるだろう．
[4]　宮田加久子(1991)　無気力のメカニズム――その予防と克服のために．誠信書房
　　無気力や達成動機をめぐる，近年の動機づけ研究をコンパクトにまとめている．実験や理論だけでなく，やる気を起こす(起こさせる)には，どうすればよいかという

読書案内

実践的な話にもかなりページがさかれていて，社会的な問題意識が生かされている．
[5] 下山剛(編)(1995) 学習意欲と学習指導——生きた学力を育てる．学芸図書
学校教育場面に即して学習意欲を扱った本で，具体的な指導方法に結びつけている．後半は，学習技能の育成，コンピュータ利用，個性化，情報教育といった現在の学校教育のホットな話題を紹介している．

第3章

[6] 山内光哉・春木豊(編)(1985) 学習心理学——行動と認知．サイエンス社
前半は行動理論，後半は認知理論に沿って心理学の基礎的な学習研究がまとめられている．図解が多いので，わかりやすく読める．心理学を専攻する学部学生にはぜひ読んでおいてほしい内容である．
[7] 市川伸一・伊東裕司(編著)(1996) 認知心理学を知る(第3版)．ブレーン出版
認知心理学の予備知識がまったくない人を対象にした入門書．認知心理学で使われる基本的な概念と，研究の意義や流れに重点を置いて書かれている．講座や本格的なテキストを読む前の準備体操として勧めたい．
[8] J. レイブ，E. ウェンガー(1991)，佐伯胖(訳)(1993) 状況に埋め込まれた学習——正統的周辺参加．産業図書
状況論から見た学習の本質を「正統的周辺参加」として主張した本．本文はかなり難解だが，ウィリアム・ハンクス氏の序文と福島真人氏の解説のおかげで，この理論の言わんとするところや位置づけがはっきりしてくる．間接的ではあるが，強烈な学校教育批判もある．

第4章・第5章

[9] 認知心理学講座(全4巻)(1982～1985) 東京大学出版会
認知心理学の講座としてはスタンダードなもので，特に，第4巻「学習と発達」は教育に関わる内容が多い．なお，この講座の改訂版という性格をもって，「知覚」「記憶」「言語」「思考」「学習と発達」の全5巻からなる「認知心理学」というシリーズが1995年秋から刊行されている．
[10] 鈴木宏昭・鈴木高士・村山功・杉本卓(1989) 教科理解の認知心理学．新曜社
読解，作文，算数・数学，科学などを素材として，認知心理学での知見とモデルをていねいに解説している．いきなり読むとむずかしく感じるかもしれないが，認知心理学の概論書を読んだ後には，ぜひ読んでほしい本である．
[11] R.S. シーグラー(1986)，無藤隆・日笠摩子(訳)(1992) 子どもの思考．誠信書

房

　幼児・児童の認知の発達を，認知心理学の立場からまとめた大著だが，けっして難解ではない．知覚，言語，記憶，概念などにわたって，この分野での知見や課題が全体的見通しをもってまとめられている．

[12] R. ホワイト，R. ガンストン(1992)，中山迅・稲垣成哲(監訳)(1995)　子どもの学びを探る——知の多様な表現を基底にした教室をめざして．東洋館出版社

　原題は"Probing Understanding"で，教師が学習者の理解を確かめる(診断する)ための技法が認知心理学的視点から紹介されている．「概念地図法」をはじめとするこれらの技法は，同時に，学習者が理解状態を表現するための手段でもある．

第6章

[13] 波多野誼余夫(編)(1980)　自己学習能力を育てる——新しい学校の役割．東京大学出版会

　自己学習力の心理学的基盤を考えるには必読の書といえるだろう．動機づけと学習方略の話を中心に，なぜ自己学習力が必要なのか，どのようにすれば教育によって自己学習力をつけることができるのかが，心理学的事実に沿って堅実に論じられている．

[14] 梶田正巳(1986)　授業を支える学習指導論．金子書房

　著者らが発展させてきた，個々人のもつ学習・指導論(PLATT)に関する研究の一般向けの解説．「研究の集大成」というより，こうした研究の必要とされる背景や，今後の発展の見通しが説得的に述べられている．

[15] 市川伸一(編)(1993)　学習を支える認知カウンセリング——心理学と教育の新たな接点．ブレーン出版

　個別学習相談・指導を通じて実践的に認知研究をしていこうという「認知カウンセリング」の一般的紹介と，実例として算数・数学の事例報告．事例にはコメント論文がつき，学習観，学習方略，動機づけなどの問題が広く検討されている．

第7章

[16] 沼野一男(1976)　授業の設計入門——ソフトウェアの教授工学．国土社

　今では古典の1つとなった感があるが，授業設計の考え方と手順が詳しく解説されている．好き嫌いは別として，教育への工学的なアプローチがどのようなものか知っておきたい人に．

[17] 伏見陽児・麻柄啓一(1993)　授業づくりの心理学．国土社

読書案内

授業展開に沿って，授業づくりの原理・原則をまとめたユニークな書．オーソドックスな教育心理学書とは異なり，用語や記述はかなりアクが強いが，内容が具体的なのでむしろ読みやすい．

[18] J. E. ブロフィ，T. L. グッド(1974) 浜名外喜男・蘭千壽・天根哲治(訳)(1985) 教師と生徒の人間関係．北大路書房

教師と生徒の相互作用を実証的に扱った研究を広くレビューしてまとめている．500ページにもなる大著であるが，この領域の貴重な文献で，教育社会心理学の古典的存在となっている．

[19] 近藤邦夫(1994) 教師と子どもの関係づくり——学校の臨床心理学．東京大学出版会．

学校における不適応の問題に対して，臨床心理学の立場から関わってきた著者がさまざまなケースを紹介している．教師にとっても(こそ)，自己，子ども，学級というものをとらえ直す視点を提供するだろう．

第8章

[20] 市川伸一(編)(1991) 心理測定法への招待——測定から見た心理学入門．サイエンス社

第1部では心理測定とはどういうものか，各領域での歴史的な事例をもとにして基本的な概念を説明している．第2部は各論で，知覚，学習，社会心理，発達・教育，臨床について，測定の方法論がまとめられている．心理学の予備知識の少ない人向け．

[21] 海保博之(編)(1986) 心理・教育のためのデータ解析10講 基礎編・応用編．福村出版

これから本格的に心理・教育統計を学びたいが，通常のテキストはどうも抽象的で難解だと感じる人に勧めたい．具体例が豊富で，実例に即しながら統計手法の意味や使い方がわかりやすく解説されている．

[22] 梶田叡一(1992) 教育評価，第2版．有斐閣

小さなテキストではあるが，教育評価の理念，目的，歴史から，具体的方法に至るまで，トータルに解説されていて中身が濃い．著者が教育評価について，長年真摯に研究してきた姿勢が随所に現れている．

本書で触れられなかった話題を補うために

学習と教育に深く関わるテーマでありながら，本書では扱えなかった話題を補うため

に，以下の図書をぜひ推薦したい．いわゆる「教育心理学」の枠を越えるものもあるが，教育の実践や研究に関わる人にぜひ考えてほしいテーマを選んだ．

学びの原点と学校教育

[23] 加藤諦三(1985) 学ぶこと——感動の発見．大和書房
著者自身の体験を踏まえたエッセイ集で，「人生において，学ぶとはどういうことか」を考え直すための本．アカデミックな心理学書で固くなった頭に潤いをもたらすだろう．

[24] 佐伯胖(1983) 「学び」の構造．東洋館
認知心理学を基盤にしながらも，ユニークな学習・教育論を展開する佐伯氏の著作はどれもおもしろいが，個人的には1980年前後のものが好きである．この本もその中の1冊であるが，学びにおける納得や理解の大切さが熱っぽく語られている．

[25] J. ホルト(1982)，大沼安史(訳)(1987) 教室の戦略——子どもたちはどうして落ちこぼれるか．一光社
原題は"How Children Fail"(初版1964年)で，学校教育のかかえる問題点を，小学校教師であった著者が日記として厳しくかつ良心的に綴っている．その場しのぎの方略に長けるだけの「学力」がつくられる「学校」に著者はかなり絶望的であり，その後の学校改革論を経て，脱学校論へと行き着く彼の出発点となった本である．

[26] 波多野誼余夫・稲垣佳世子(1984) 知力と学力——学校で何を学ぶか．岩波新書
日常的な場面では，人間が有能な学習者である一方，学校教育がどのような役割を果たし得るかが，心理学的な裏付けをもって論じられている．学校の知識・技能と日常生活との関連，自己学習力，評価と競争など，本書とも関連する話題が多い．

[27] 佐伯胖・汐見稔幸・佐藤学(編)(1993) 学校の再生をめざして(全3巻)．東京大学出版会
心理学や教育学の研究者，あるいは教育実践者がそれぞれ話題をもちより，それをめぐる討論が編集されている．話題はどれも新鮮で，学校教育実践のありかたを，広い視野から考えるためには，ぜひ読んでほしいシリーズ．

教師の心理と役割

[28] 稲垣忠彦・久冨善之(編)(1994) 日本の教師文化．東京大学出版会
教師研究は，教育心理学では非常に手薄である．この本は，教育心理学者の参加もあるが，教育社会学，教育方法，教師教育，教育史，比較教育など，さまざまな領

読書案内

域の著者による論文がまとめられており，心理学的アプローチをあらためてみつめ直すのにも役立つだろう．

[29] 吉崎静夫(1991) 教師の意思決定と授業研究．ぎょうせい

授業研究，リーダーシップ研究，認知心理学が合体した，著者ならではのユニークな書．教師はどのようなことを考慮しながら教授行動を行なっているか，という視点は教師教育にも不可欠であり，これから教師になる人も，すでに教師になった人も一読してほしい．

教育とメディア

[30] S. パパート(1980)，奥村貴世子(訳)(1982) マインドストーム——子供，コンピューター，そして強力なアイデア．未来社

子どものためのコンピュータ言語 LOGO の開発者であるパパートの教育論．言葉を学ぶように数学を学べる自然な環境として LOGO を考えている．コンピュータを通じて得られるであろう楽しい経験や能力が，語られている．

[31] 三宅なほみ(編)(1985) マイコンを教室にもちこむ前に．新曜社

「コンピュータが入るからコンピュータ教育をするのではない」ということをさまざまな角度から考えさせられる．コンピュータは，我々がどういう教育をしたいのかを考えるための絶好の機会であることがわかる．深みのある実践と考察は，今でこそよく知られているものだが，古さを感じさせない．

[32] 市川伸一(1994) コンピュータを教育に活かす——「触れ，慣れ，親しむ」を超えて．勁草書房

著者の小論を大学講座に見立てて編集したもの．著者自身の関わった実践事例とコンピュータ経験をもとに，プログラミング，統計用ソフト，ワープロ，ネットワーク通信，グラフィックスなどについて，操作を学ぶのではなく，学習にどう活かすかを述べている．

教育心理学と教育との関わり

[33] K. イーガン(1983)，塩見邦雄(訳)(1988) 教育に心理学は役立つか——ピアジェ，プラトンと科学的心理学．勁草書房

著者は教育学者であり，科学的心理学を基礎にして教育をつくっていくということに，はっきりと否定的である．「教育は教育理論によって先導されるべきであって，心理学が先導することはできない」という説得的な議論が展開される．発達心理学，教育心理学，教育工学などと教育実践の関わりを考え直す機会となろう．

[34] 波多野誼余夫・山下恒男(1987) 教育心理学の社会史——あの戦争をはさんで. 有斐閣

わが国の代表的な教育心理学者を例にとりながら，心理学(者)が社会の中でどのような役割を果たしてきたかを批判的に論じた本．戦争，育児，学校教育との関わりの中で，さまざまなタイプの心理学者の像が描き出されている．

[35] 若き認知心理学者の会(1993) 認知心理学者 教育を語る. 北大路書房

認知心理学を中心に，教育に関心をもつ若手・中堅の著者20人のエッセイ集．テーマは，知識獲得，思考力，理解力，表現力，学習意欲，自己の確立など多岐にわたっており，認知心理学の立場からの学校教育への提言が自由に語られている．

[36] 新しい教育心理学者の会(1995) 心理学者 教科教育を語る. 北大路書房

前掲書の続編で，顔ぶれもかなり異なっている．構成は教科別になっており，国語，算数・数学，理科，外国語，生活科それぞれにつき4人，計20人の著者が，それぞれ心理学的知見を踏まえた提言をしており，教科教育の専門家や現場の教師からのコメントも添えられている．

[37] 若き認知心理学者の会(1996) 認知心理学者 教育評価を語る. 北大路書房

三部作の完結編として，評価の問題がとりあげられている．知識獲得，思考力，理解力・表現力，学習意欲，自己形成という各側面について，評価方法の技術的問題というよりは，さまざまな立場からの視点が提供されている．

増補版での追加

[38] 秋田喜代美・藤江康彦(編著)(2007) はじめての質的研究法——教育・学習編. 東京図書

フィールドワークや事例研究が盛んになる中で，発達，教育，臨床などさまざまな分野で「質的研究法」が注目を集めている．本書は，執筆者たちの具体的な研究を例に，質的研究法とは何かを平易に解説している．文献紹介もていねいであり，ゼミや卒業論文で質的データを扱う研究をしてみたいという人にはとくに薦められる．

[39] R.K. ソーヤー(編)(2006)，森敏昭・秋田喜代美(監訳)(2009) 学習科学ハンドブック. 培風館

認知科学をベースに，学校教育をはじめ，社会における学習の場をデザインする科学として1990年以降「学習科学」という分野が北米を中心に大きくなっていった．本書は24章からなる大部なものであるが，学習科学の歩みと教育実践への関わりの最先端を知ることができる．

[40] 三宮真智子(編著)(2008) メタ認知——学習力を支える高次認知機能. 北大路書

読書案内

房

自律的な学習において中核的なはたらきをするのが「メタ認知」(p.109 参照)であるが，最近ますます盛んに研究がなされている．本書は，メタ認知の概念や基礎研究を整理した上で，知識獲得，学習方略，文章理解，問題解決，科学的思考から，臨床的応用までメタ認知の最近の研究を網羅的に解説している．

[41] 市川伸一 (2000) 勉強法が変わる本——心理学からのアドバイス．岩波書店

岩波ジュニア新書の1冊で，高校生向けの本である．しかし，「学習観」(p.101)を軸に，認知心理学的な考え方が日常的な教科の学習にどう結びつくのかを知るために，教員志望の学生や，現職の教員の方にも一読してほしい．「記憶する」「理解する」「問題を解く」「文章を書く」という認知機能別の章の中で，心理学理論と具体的な教科学習への適用が解説されている．

参 考 文 献

第1章

[1] Deci, E. L. (1971) Effects of externally mediated rewards on intrinsic motivation. *Journal of Personality and Social Psychology*, **18**, 105-115.

[2] Harlow, H. F. (1950) Learning and satiation of response in intrinsically motivated complex puzzle performance by monkeys. *Journal of Comparative and Physiological Psychology*, **43**, 289-294.

[3] Heron, W. (1957) The pathology of boredom. *Scientific American*. Cited in D. O. Hebb (1972) *A Textbook of Psychology*. 白井常（監訳）行動学入門. 紀伊國屋書店

[4] 市川伸一(1994) 『読売新聞』1月20日

[5] Lepper, M. R., Green, D. & Nisbett, R. E. (1973) Undermining children's intrinsic interest with extrinsic rewards: A test of the "overjustification" hypothesis. *Journal of Personality and Social Psychology*, **28**, 129-137.

第2章

[6] deCharms, R. (1968) *Personal Causation: The Internal Affective Determinants of Behavior*. Academic Press.

[7] Dweck, C. S. (1975) The role of expectations and attributions in the alleviation of learned helplessness. *Journal of Personality and Social Psychology*, **31**, 674-685.

[8] Dweck, C. S. & Reppucci, N. D. (1973) Learned helplessness and reinforcement responsibility in children. *Journal of Personality and Social Psychology*, **25**, 109-116.

[9] Hiroto, D. S. (1974) Locus of control and learned helplessness. *Journal of Experimental Psychology*, **102**, 187-193.

[10] 鹿毛雅治(1994) 学習意欲と教育環境. 並木博（編） 教育心理学へのいざない. 八千代出版.

参 考 文 献

[11] 鎌原雅彦(1985) 学習性無力感の形成と原因帰属及び期待変動について．東京大学教育学部紀要, **25**, 41-49.
[12] 鎌原雅彦・亀谷秀樹・樋口一辰(1983) 人間の学習性無力感(Learned helplessness)に関する研究．教育心理学研究, **31**, 80-95.
[13] 三宅なほみ・杉本卓(1985) 機械的な英語教育——コンピュータの通信機能を利用した実践．青山学院女子短期大学紀要, **39**, 1-14.
[14] 奈須正裕(1993) 学習相談・学習指導における動機づけ問題．市川伸一(編) 学習を支える認知カウンセリング——心理学と教育の新たな接点．ブレーン出版．
[15] Rotter, J. (1966) Generalized expectancies for internal versus external control of reinforcement. *Psychological Monographs*, **80**, 1-28.
[16] Seligman, M. E. P. & Maier, S. F. (1967) Failure to escape traumatic shock. *Journal of Experimental Psychology*, **74**, 1-9.
[17] Weiner, B., Frieze, I.H., Kukla, A., Reed, L., Rest, S. & Rosenbaum, R. M. (1971) Perceiving the causes of success and failure. In E. E. Jones, D. Kanause, H. H. Kelly, R. E. Nisbett, S. Valins & B. Weiner (Eds.) *Attribution: Perceiving the Cause of Behavior*. General Learning Press.

第3章

[18] Brodgett, H. C. (1929) The effect of the introduction of reward upon the maze performance of rats. *University of California Publications in Psychology*, **4**, 113-134. 山内光哉・春木豊(編著)「学習心理学——行動と認知」(サイエンス社)より引用．
[19] Craik, F. I. M. & Lockhart, R. S. (1972) Levels of processing: A framework for memory research. *Journal of Verbal Learning and Verbal Behavior*, **11**, 671-684.
[20] Craik, F. I. M. & Tulving, E. (1975) Depth of processing and the retention of words in episodic memory. *Journal of Experimental Psychology: General*, **104**, 268-294.
[21] Harlow, H. F. (1949) The formation of learning sets. *Psychological Review*, **56**, 51-65.
[22] Hutchins, E. (1990) The technology of team navigation. In J. Galegher, R. Kraut & C. Egido (Eds.) *Intellectual Teamwork: Social and Technical Bases of Cooperative Work*. Lawrence Erlbaum Associates. 宮田義郎(訳) チ

ーム航行のテクノロジー. 安西祐一郎他(編) 認知科学ハンドブック. 共立出版.

[23] Köhler, W. (1924) *Intelligenzprufungen an Menschenaffen*. Berlin: Springer. 宮孝一(訳) 類人猿の知恵試験. 岩波書店.

[24] Lave, J. & Wenger, E. (1991) *Situated Learning: Legitimate Peripheral Participation*. 佐伯胖(訳) 状況に埋め込まれた学習——正統的周辺参加. 産業図書.

[25] Paivio, A. (1971) *Imagery and Verbal Processes*. Holt, Rinehart & Winston.

[26] Waugh, N. C. & Norman, D. A. (1965) Primary memory. *Psychological Review*, **72**, 89-104.

第4章

[27] Ausubel, D. P. (1960) The use of advance organizers in the learning and retention of meaningful verbal material. *Journal of Educational Psychology*, **51**, 267-272.

[28] Anderson, J. R. (1980) *Cognitive Psychology and Its Implications*. Freeman and Company. 富田達彦・増井透・川崎惠理子・岸学(訳) 認知心理学概論. 誠信書房.

[29] 安西祐一郎(1985) 記憶とシミュレーションⅠ——記憶研究とコンピュータ・シミュレーション. 小谷津孝明(編) 記憶と知識(認知心理学講座2). 東京大学出版会.

[30] Bower, G. H., Karlin, M. B. & Dueck, A. (1975) Comprehension and memory for pictures. *Memory & Cognition*, **3**, 216-220.

[31] Bower, G. H., Clark, M. C., Lesgold, A. M. & Winzenz, D. (1969) Hierarchical retrieval schemes in recall of categorized word lists. *Journal of Verbal Learning and Verbal Behavior*, **8**, 323-343.

[32] Bransford, J. D. & Johnson, M. K. (1972) Contextual prerequisites for understanding: Some investigations of comprehension and recall. *Journal of Verbal Learning and Verbal Behavior*, **11**, 717-726.

[33] Bransford, J. D. & Stein, B. S. (1984) *The IDEAL Problem Solver*. Freeman and Company. 古田勝久・古田久美子(訳) 頭の使い方がわかる本——問題点をどう発見し, どう解決するか. HBJ 出版局.

[34] 一坊寺由季(1990) 英文解釈の学力診断と指導. 市川伸一(編) 認知カウンセリングのケース報告——日本女子大における学生の報告から(1989年度). 教育心理学

参 考 文 献

フォーラム・レポート, FR-90-002, 40-44.
[35] Minsky, M. (1975) A framework for representing knowledge. In P. H. Winston (Ed.) *The Psychology of Computer Vision*. McGraw-Hill. 白井良明・杉原厚吉(訳) コンピュータビジョンの心理. 産業図書.
[36] 宮崎清孝(1983) 認知心理学のイメージ研究. 水島恵一・上杉喬(編) イメージの基礎心理学. 誠信書房.
[37] 西林克彦(1994) 間違いだらけの学習論——なぜ勉強が身につかないか. 新曜社.
[38] Novak, J. D. & Gowin, D. B. (1984) *Learning How to Learn*. Cambridge University Press. 福岡敏行・弓野憲一(監訳) 子どもが学ぶ新しい学習法——概念地図法によるメタ学習. 東洋館出版社.
[39] Pylyshyn, Z. W. (1973) What the mind's eye tells the mind's brain: A critique of mental imagery. *Psychological Bulletin*, **80**, 1-24.
[40] 佐藤隆博(1987) 教育情報工学のすすめ——情報化時代における教師の力量向上. 日本電気文化センター.
[41] Schank, R. C. & Abelson, R. P. (1977) *Scripts, Plans, Goals and Understanding*. Lawrence Erlbaum Associates.
[42] 山下清美(1989) 概念の構造. 市川伸一・伊東裕司(編) 認知心理学を知る, 第2版. ブレーン出版.

第5章

[43] 麻生英樹(1988) ニューラルネットワーク情報処理. 産業図書.
[44] Anderson, J. R. (1983) *The Architecture of Cognition*. Harvard University Press.
[45] Chase, W. G. & Simon, H. A. (1973) Perception in chess. *Cognitive Psychology*, **4**, 55-81.
[46] Duncker, K. (1945) On problem solving. *Psychological Monographs*, Whole No. 270.
[47] Gentner, D. & Gentner, D. R. (1983) Flowing water or teeming crowds: Mental models of electricity. In D. Gentner & A. L. Stevens (Eds.) *Mental Models*. Lawrence Erlbaum Associates. 古川康一・溝口文雄(編) 知識情報処理シリーズ1 メンタル・モデルと知識表現. 共立出版.
[48] Gick, M. L. & Holyoak, K. J. (1983) Schema induction and analogical transfer, *Cognitive Psychology*, **15**, 1-38.

参考文献

[49] Greeno, J. G.(1978) A study of problem solving. In R. Glaser(Ed.) *Advances in Instructional Psychology*. Lawrence Erlbaum Associates. 山口修平・東洋(訳) 問題解決の過程——幾何の課題による研究. サイエンス社.

[50] Kaiser, M. K., McClosky, M. & Proffitt, D. R.(1986) Development of intuitive theory of motion. *Developmental Psychology*, **22**, 67-71.

[51] Kintsch, W. & Greeno, J. G.(1985) Understanding and solving written arithmetic problems. *Psychological Review*, **92**, 109-129.

[52] 市川伸一(1990) 認知科学と統計学の一つの接点——統計的概念の理解と教育. 柳井晴夫・岩坪秀一・石塚智一(編) 人間行動の計量分析——多変量データ解析の理論と応用. 東京大学出版会.

[53] 市川伸一(1991) 実践的認知研究としての認知カウンセリング. 箱田裕司(編) 認知科学のフロンティアI. サイエンス社.

[54] Luchins, A. S.(1942) Mechanization in problem solving. *Psychological Monographs*, Whole No. 248.

[55] Polya, G.(1957) *How to Solve It*. 柿内賢信(訳) いかにして問題を解くか. 丸善.

[56] Resnick L. B. & Omanson, S. F.(1987) Learning to understand arithmetic. In R. Glaser(Ed.)*Advances in Instructional Psychology*, Vol. 3. Lawrence Erlbaum Associates.

[57] Rumelhart, D. E. & McClelland, J. L.(Eds.) (1986) *Parallel Distributed Processing*, Vol. 1-2. MIT Press.

[58] Shoenfeld, A. H.(1985) *Mathematical Problem Solving*. Academic Press.

[59] 鈴木宏昭・鈴木高士・村山功・杉本卓(1989) 教科理解の認知心理学. 新曜社.

[60] 吉田甫(1991) 子どもは数をどのように理解しているのか. 新曜社.

[61] 吉田甫(1992) 数の理解. 吉田甫・栗山和広(編) 教室でどう教えるか, どう学ぶか. 北大路書房.

第6章

[62] 安藤寿康ほか(1992) 英語教授法の比較研究——コミュニカティブ・アプローチと文法的アプローチ. 教育心理学研究, **40**, 247-256.

[63] 堀野緑・市川伸一(1993) 大学生の基本的学習観の形成要因の考察——心理尺度と面接法による学習者情報の活用. 教育情報研究, 8(3), 3-10.

参 考 文 献

[64] 堀野緑・市川伸一・奈須正裕(1990) 基本的学習観の測定の試み——失敗に対する柔軟的態度と思考過程の重視. 教育情報研究, **6**(2), 3-7.
[65] 堀野緑・森和代(1991) 抑うつとソーシャルサポートにおける達成動機の介在要因. 教育心理学研究, **29**, 308-315.
[66] 市川伸一(1989) 認知カウンセリングの構想と展開. 心理学評論, **32**, 421-437.
[67] 市川伸一(編)(1993) 学習を支える認知カウンセリング——心理学と教育の新たな接点. ブレーン出版.
[68] 梶田正巳(1986) 授業を支える学習指導論. 金子書房.
[69] 斎藤由紀子(1990) 角の大きさを求める指導. 市川伸一(編) 認知カウンセリングのケース報告——日本女子大における学生の報告から(1989年度). 教育心理学フォーラムレポート FR-90-002, 7-11.
[70] 坂元昂(1991) 教育工学(放送大学教材 52511-1-9111). 放送大学教育振興会.
[71] Stevens, A. L. & Collins, A. (1977) The goal structure of a Socratic tutor. *Proceedings of the National ACM Conference, Seattle, Washington*, pp. 256-263. Cited in E. Wenger (1987) *Artificial Intelligence and Tutoring Systems*. 岡本敏雄・溝口理一郎(監訳) 知的CAIシステム. オーム社.

第7章

[72] 秋田喜代美(1995) 教えるといういとなみ——授業を創る思考過程. 佐藤学(編) 教室という場所. 国土社.
[73] 稲垣佳代子・波多野誼余夫(1989) 人はいかに学ぶか. 中公新書.
[74] 板倉聖宣(1966) 未来の科学教育. 国土社.
[75] 近藤邦夫(1992) 教師—子ども関係を理解する. 佐伯胖・汐見稔幸・佐藤学(編) 学校の再生をめざして 2. 東京大学出版会.
[76] 近藤邦夫(1994) 教師と子どもの関係づくり——学校の臨床心理学. 東京大学出版会.
[77] 西村寿雄(1974) 誤解していた仮説実験授業——〈ばねと力〉を実施して(6年) 板倉聖宣(編) はじめての仮説実験授業. 国土社.
[78] 尾城一幸・市川伸一(1994) 高校数学における授業観の構造と生徒・教師の対応関係. 教育情報研究, **9**(3), 22-31.
[79] Rosenthal, R. & Jacobson, L. (1968) *Pygmalion in the Classroom: Teacher Expectation and Pupils' Intellectual Development*. Holt, Rinehart & Winston.

参 考 文 献

第8章

[80] Butler, R. (1987) Task-involving and ego-involving properties of evaluation: Effects of different feedback conditions on motivational perceptions, interest, and performance. *Journal of Educational Psychology*, **79**, 474-482.

[81] Deci, E. L. & Ryan, R. M. (1985) *Intrinsic Motivation and Self-Determination in Human Behavior*. Plenum Press.

[82] 鹿毛雅治・並木博(1990) 児童の内発的動機づけと学習に及ぼす評価構造の効果. 教育心理学研究, **38**, 36-45.

[83] 梶田叡一(1992) 教育評価, 第2版. 有斐閣.

[84] 奈須正裕(1990) 学業達成場面における原因帰属, 感情, 学習行動の関係. 教育心理学研究, **38**, 17-25.

[85] Gilovich, T. (1991) *How We know What Isn't So: The Fallibility of Human Reason in Everyday Life*. Macmillan Publishing Company. 守一雄・守秀子(訳) 人間 この信じやすきもの——迷信・誤信はどうして生まれるか. 新曜社.

[86] Sarason, I. G. (1984) Stress, anxiety, and cognitive interference: Reactions to tests. *Journal of Personality and Social Psychology*, **46**, 929-938.

[87] 塩谷祥子(1995) 高校生のテスト不安及び学習行動と認知的評価との関連. 教育心理学研究, **43**, 125-133.

第9章

[88] 秋田喜代美・市川伸一(2001) 教育・発達における実践研究. 南風原朝和・市川伸一・下山晴彦(編著) 心理学研究法入門——調査・実験から実践まで. 東京大学出版会.

[89] 藤澤伸介(2002) ごまかし勉強(上・下). 新曜社.

[90] 苅谷剛彦(1999) 学力の危機と教育改革——大衆教育社会の中のエリート. 中央公論, **114**(8), 36-47.

[91] 市川伸一(1999) 「実践研究」とはどのような研究をさすのか——論文例に対する教心研編集委員の評価の分析. 教育心理学年報, **38**, 180-187.

[92] 市川伸一(2002) 学力低下論争. ちくま新書.

[93] 市川伸一(2004) 学ぶ意欲とスキルを育てる——いま求められる学力向上策. 小学館.

[94] 市川伸一(2008) 「教えて考えさせる授業」を創る——基礎基本の定着・深化・

参　考　文　献

活用を促す「習得型」授業設計．図書文化社．
[95]　市川伸一(編著)(2017)　授業からの学校改革──「教えて考えさせる授業」による主体的・対話的で深い習得．図書文化社．
[96]　市川伸一・植阪友理(編著)(2016)　教えて考えさせる授業 小学校──深い学びとメタ認知を促す授業プラン．図書文化社．
[97]　無藤隆(編著)(2002)　「学力低下論」への挑戦．ぎょうせい．
[98]　岡部恒治・戸瀬信之・西村和雄編著(1999)　分数ができない大学生──21世紀の日本が危ない．東洋経済新報社．
[99]　佐藤学(2000)　「学び」から逃走する子どもたち．岩波ブックレット．
[100]　和田秀樹(1999)　学力崩壊──「ゆとり教育」が子どもをダメにする．PHP研究所．

事 項 索 引

ACT* 80
ATI 103
CAI 43
ISM 74
KR 42
PLATT 100
PLT 100
PTT 100
RTT 145
SQ3R 法 111
S-R 理論 39
WHY 112

ア 行

アクションリサーチ 152
新しい学力観 26
アルゴリズム 91
意図的学習 49
イメージ＝命題説 60
イメージ論争 61
因子分析 103
オープンスクール 117
オペラント条件づけ 37
オリジン 28

カ 行

階層性理論 7
外的な統制 28
概念 66
概念地図法 73
外発的動機づけ 8
学習 vii
学習の構え 41
学習意欲 2, 144

学習観 101
学習技能 101
学習構造チャート 74
学習性無力感 27
学習動機の2要因モデル 21
学力低下論争 159
過剰一般化 46
過剰規則化 46
仮説実験授業 125, 130
カテゴリー群化 72
構え（問題解決の） 89
感覚遮断の実験 9
関係志向 20, 23
観察学習 44
寛容効果 141
記憶 46, 48
基準関連妥当性 135
帰属理論 31
機能的学習環境 25
記銘 46
教育 vii
教育心理学 vii
教育評価 136
強化 38
教訓帰納 92
偶発学習 49
訓練志向 20, 23
形式陶冶 40
形成的評価 137
系列学習 47
行為スキーマ 88
交互作用 103
向上心 8
構成概念妥当性 134

183

事項索引

行動主義　2, 37
行動主義的学習理論　36
行動目標　122
光背効果　141
誤概念　82
個人差　98
個人的学習理論　100
個人的教授理論　100
古典的条件づけ　37
個別学習指導　106
誤ルール　81
コンサルテーション　153

サ 行

再生　46
再認　46
再符号化　47, 48
作業記憶　47
作動記憶　47
シェマ　45
刺激-反応理論　39
試行錯誤学習　38
自己学習力　98, 110
自己教育力　110
自己統制力　110
自然概念　66
事前的評価　122, 136
自尊志向　20, 23
実質陶冶　40
実践研究　153
実用志向　20, 23
児童中心主義　116
充実志向　20, 23
十全的参加　52
集団学習　119
　　協同達成型の――　121
　　相互啓発型の――　121
　　同時遂行型の――　119
集団規範　130
集団準拠測定　140
集中学習　42

主観的体制化　72
授業　116
　　学習者中心型の――　116
　　教師主導型の――　116
授業設計　121
消去　38
状況主義　37
状況的学習　36, 51
状況的認知　51
状況論　36, 50
条件づけ　37
条件反射　37
処理水準説　47
人工概念　66
診断的評価　136
信頼性　134
心理測定　134
親和動機　4
スキーマ　63
スキーマ帰納　93
スクリプト　64, 65
スクールモラール　128
ステレオタイプ　141
スモールステップ　43
スロット　63
精神年齢　102
正統的周辺参加　51
絶対評価　140
セルフラーニング　29
宣言的段階　80
宣言的知識　50, 78
先行オーガナイザー　73
選好注視　8
潜在学習　44
潜在カリキュラム　130
総括的評価　137
相関　22
相関係数　22
想起　46
相対評価　140
即時フィードバック　42, 43

事項索引

測定　134
ソクラテス式問答法　112, 113
素朴概念　82
素朴物理学　82
素朴理論　82

タ　行

対応づけ教授　85
体制化　47, 48
対連合学習　47
達成動機　5
妥当性　134
短期貯蔵庫　46
知識表現　50, 58
知的好奇心　8, 12
知能　102
知能検査　102
　　ビネーの——　102
知能指数　102
チャンク　48
長期貯蔵庫　46
調節　45
貯蔵庫モデル　47
ティーチングマシン　43
適性処遇交互作用　103
テスト不安　145
手続き的知識　50, 78
転移　20
動因　3
動因低減説　3
同化　45
動機づけ　2
道具的条件づけ　37
同型的図式表現　93
洞察　44
統制の所在　28
到達度評価　140
トップダウン処理　65

ナ　行

内的な統制　28

内発的動機づけ　8
内容的妥当性　134
二次強化　3
二重コード説　48
ニューラルネットワーク　80
認知　45
認知カウンセリング　106, 108
認知主義　37
認知心理学　xii, 36
認知的ツール　93
認知的評価理論　146

ハ　行

バグ　81
パターン認識　65
発見学習　125
バランスモデル　94
般化　39
ピグマリオン効果　127
ヒューリスティックス　88, 91
評価　135
　　——の学習規定性　146, 148
　　——のバイアス　141
表象　49
プライミング効果　60
フレーム　63
プログラム学習　43
プロダクションシステム　78
プロダクションルール　78
プロトタイプ　66
分化　39
分散学習　42
分散認知　51
偏見　141
偏差値　140
報酬　11
報酬志向　20, 23
方略的知識　88
保持　46
ホーソン効果　5
ホーソン実験　4

185

事項索引

ボックスモデル　47
ボトムアップ処理　65
ポーン　28

マ 行

無条件反射　37
命題　58
命題的ネットワーク表現　59
メタ認知　109
メンタルモデル　84
目標準拠測定　140

問題スキーマ　87

ラ 行

ラベル　59
理解欲求　8
リスト表現　59
リテラシー　116
リハーサル　47
リンク　59
レディネス　122

人名索引

A
Abelson, R. P.　63
秋田喜代美　120
Anderson, J. R.　80
Ausubel, D. P.　72

B
Binet, A.　102
Bower, G. H.　61, 72
Bransford, J. D.　67, 68, 70
Bruner, J. S.　125
Butler, R.　144

C
Collins, A.　112, 113
Cronbach, L. J.　104

D
deCharms, R.　28
Deci, E. L.　11, 146
Dueck, A.　61
Duncker, K.　89
Dweck, C. S.　31

G
Gentner, D.　84
Gentner, D. R.　84
Gick, M. L.　92
Gilovich, T.　141
Green, D.　11
Greeno, J. G.　88

H
Harlow, H. F.　11, 41
波多野誼余夫　119
平井雷太　29
Hiroto, D. S.　27
Holyoak, K. J.　92
堀野緑　101
Hull, C. L.　3
Hutchins, E.　51

I
市川伸一　13, 92, 93, 101, 128, 155, 162
稲垣佳世子　119
板倉聖宣　125

J
Jacobson, L.　127
Johnson, M. K.　67

K
鹿毛雅治　144, 146
Kaiser, M. K.　83
梶田叡一　136, 138
梶田正巳　100
Karlin, M. B.　61
Köhler, W.　44
近藤邦夫　128, 131

L
Lave, J.　51, 53
Lepper, M. R.　11
Luchins, A. S.　89

人名索引

M

Maier, S. F.　27
Maslow, A. H.　7
Mayo, G. E.　4
McClelland, D. C.　5
McClosky, M.　83
Minsky, M.　63
三宅なほみ　25
森和代　101

N

並木博　144, 146
奈須正裕　101, 142
Nisbett, R. E.　11
西林克彦　70
西村寿雄　130
Novak, J. D.　73
Norman, D. A.　47

O

尾城一幸　128

P

Paivio, A.　48
Pavlov, I.　37
Piaget, J.　45
Polya, G.　91
Proffitt, D. R.　83

R

Resnick, L. B.　85
Robinson, F. P.　111
Rosch, E.　66
Rosenthal, R.　127
Rotter, J.　28
Ryan, R. M.　146

S

坂元昂　101
Sarason, I. G.　145
Schank, R. C.　63
塩谷祥子　145
Shoenfeld, A. H.　92
Skinner, B. F.　43
Stein, B. S.　68
杉本卓　25
Seligman, M. E. P.　27

T

Terman, L. M.　102
Thorndike, E. L.　40
Tolman, E. C.　44

W

Waugh, N. C.　47
Weiner, B.　31
Wenger, E.　51, 53

市川伸一

  1953年，東京都生まれ
  1977年，東京大学文学部心理学専修課程卒業
  1980年，東京大学大学院博士課程中退(心理学専攻)
  埼玉大学助教授，東京工業大学助教授，東京大学教授を経て
  現在，東京大学名誉教授
  文学博士
  著書：『考えることの科学』(中公新書，1997年)
        『開かれた学びへの出発——21世紀の学校の役割』(金子書房，1998年)
        『勉強法が変わる本』(岩波書店，2000年)
        『学ぶ意欲の心理学』(PHP新書，2001年)
        『学力低下論争』(ちくま新書，2002年)
        『学力から人間力へ』(編著，教育出版，2003年)
        『「教えて考えさせる授業」を創る』(図書文化，2008年)など
        『勉強法の科学』(岩波書店，2013年)
        『教育心理学の実践ベース・アプローチ』(編著，東京大学出版会，2019年)

現代心理学入門3
学習と教育の心理学 増補版

1996年7月21日　第 1 刷 発 行
2011年2月17日　増補版第1刷発行
2021年7月15日　第 7 刷 発 行

著 者　市川伸一 (いちかわしんいち)

発行者　坂本政謙

発行所　株式会社　岩波書店
　　　　〒101-8002 東京都千代田区一ツ橋2-5-5
　　　　電話案内 03-5210-4000
　　　　https://www.iwanami.co.jp/

印刷・理想社　カバー・半七印刷　製本・牧製本

© Shin'ichi Ichikawa 2011
ISBN 978-4-00-003918-5　Printed in Japan

――― 基本テーマを精選し ―――
心理学の核心を伝える

現代心理学入門
全5巻
A5判上製カバー・平均220ページ

1 **認知心理学** 守 一雄 著　　　　　　　　　　定価 2750 円
　　脳と心のはたらきを全体としてとらえ，包括的なモデルづくりをめざす

2 **発達心理学** 無藤 隆・久保ゆかり・遠藤利彦 著　　定価 3520 円
　　生涯発達の観点から，育児，結婚，高齢化などのテーマも盛り込む

3 **学習と教育の心理学** 増補版　市川伸一 著　　　定価 2860 円
　　学習意欲，理解過程など，学ぶ側の心理を重視し，実践的に解説する

4 **社会心理学** 安藤清志・大坊郁夫・池田謙一 著　　定価 3300 円
　　個人対個人から集団，そしてマスコミや社会的ネットワークまで解説する

5 **臨床心理学** 倉光 修 著　　　　　　　　　　　定価 2750 円
　　臨床経験をもとに具体的に解説．臨床心理士を志す学生にも格好の入門書

定価は消費税10%込です　2021年7月現在